ROMAN SCHNUR

Vive la République oder Vive la France

Schriften zur Verfassungsgeschichte

Band 34

Vive la République oder Vive la France

Zur Krise der Demokratie in Frankreich 1939/1940

Von

Roman Schnur

DUNCKER & HUMBLOT / BERLIN

Gedruckt 1982 bei Buchdruckerei A. Sayffaerth - E. L. Krohn, Berlin 61
Printed in Germany

ISBN 3 428 05285 4

Vorwort

Die hier vorgelegten Studien verfolgen weder einen politischen noch einen moralischen Zweck. Sie sind der wissenschaftlichen Neugier eines Verfassungsjuristen entsprungen. Diese Neugier hatte auch einen persönlichen Anlaß: Wem es als jungem Deutschen vergönnt war, schon bald nach dem Ende des Zweiten Weltkrieges sich für längere Zeit in Frankreich aufhalten zu können, mußte sich über die Unbefangenheit wundern, mit welcher viele Franzosen ihm gegenüber traten: Es war für ihn anders als nach 1918 für die Älteren. Rasch erwies sich, daß diese Franzosen aus nahezu allen politischen Lagern kamen und die unterschiedlichsten Standpunkte vertraten. Die Skala reichte von Verfolgten, die deutsche Konzentrationslager überlebt hatten, über Leute, die zunächst das Pétain-Regime akzeptierten und später in die Résistance gingen, bis hin zu „faschistischen" Kollaborateuren. Nicht selten konnte man solche großen Unterschiedlichkeiten innerhalb eines einzigen Freundeskreises antreffen.

Diese Erfahrung ließ sich mit der Schwarz-Weiß-Malerei, die sich dem Blick aus der Distanz bot, aus dem besetzten Deutschland, aus der französischen Besatzungszone und erst recht aus dem abgetrennten Saarland, nicht in Übereinstimmung bringen.

Das alles löste die Frage aus, weshalb so viele Franzosen dem Deutschen nicht mit der Attitüde des Rechthabers gegenübertraten. (Verbrechen von Deutschen in Frankreich waren kein Thema für Diskussionen, sondern Tatsachen.) Allmählich verstand man besser, weshalb sich so erstaunlich rasch das entwickelte, was man die deutsch-französische Verständigung nennt. Die Verfolgung dieser Frage führte deshalb sogleich aus dem deutsch-französischen Verhältnis hinaus, nämlich in europäische Zusammenhänge, also in die Krise der Demokratie im Europa der zwanziger und der dreißiger Jahre. Die damit verbundenen verfassungsrechtlichen Fragen blieben nicht in der engen Perspektive der „Rechtsvergleichung"; vielmehr gewannen sie den geschichtlichen Boden zurück, nämlich den des jus publicum europaeum. —

Den Studenten, die an den Seminaren über das öffentliche Recht der NS-Zeit und über die Krise der Demokratie in Europa teilgenommen haben, verdanke ich viele Anregungen.

Dank gilt auch dem Inhaber des Verlages, Herrn Prof. Dr. Dr. h. c. Johannes Broermann, verbunden mit einem (verspäteten) öffentlichen Gruß zum 85. Geburtstag — auch er ein Zeuge von europäischem Rang.

Tübingen, im Dezember 1982

Roman Schnur

Inhalt

Das Ende einer Republik — Der 10. Juli 1940 in Vichy 9

Eine französische Elite-Schule — L'Ecole des Cadres von Uriage (1940 - 42) 38

Rückwirkung der Unwählbarkeit — Spätfolgen eines Ermächtigungsgesetzes 55

Zwei Zeugen von europäischem Rang — Die Memoiren von Emmanuel Berl und von Bertrand de Jouvenel 71

Epilog: Zur Fortdauer des Bonapartismus 93

Orte der ersten Veröffentlichungen der Aufsätze 98

Das Ende einer Republik

Der 10. Juli 1940 in Vichy*

Die Rede von *Otto Wels* im Reichstag aus Anlaß der Beratung des Ermächtigungsgesetzes am 23. März 1933 gehört zu den eindrucksvollsten Dokumenten der neueren deutschen Geschichte[1]. Die III. Republik Frankreichs war am Ende weniger eindrucksvoll. Damit ist nicht die Art und Weise gemeint, in welcher die III. Republik die deutschen Emigranten nach dem Ausbruch des II. Weltkrieges behandelt hat, sondern der Stil, in dem diese Republik endete, in Vichy am 10. Juli 1940. (Die Republik, die der deutschen Republik jenes zum Überleben nötige außenpolitische Entgegenkommen verweigerte, das sie später *Hitler* gewährte.) Am 10. Juli 1940 beschloß die Nationalversammlung (Abgeordnetenkammer und Senat): „Article unique: L'Assemblée nationale donne tous pouvoirs au gouvernement de la République, sous l'autorité et la signature du maréchal Pétain, à l'effet de promulguer en un ou plusieurs actes, une nouvelle Constitution de l'Etat français. Cette Constitution devra garantir les droits du Travail, de la Famille et de la Patrie. Elle sera ratifiée par les Assemblées créées par elle." Auch hier handelt es sich um ein Ermächtigungsgesetz, also um ein Gesetz, das die *Regierung* ermächtigt, eine neue *Verfassung* (oder mehrere Verfassungsgesetze) zu erlassen; auch wenn diese der Annahme durch jene Vertretungskörperschaften bedürfen soll, welche die neue Verfassung zu schaffen hat. Die Parallele zum deutschen Ermächtigungsgesetz vom 24. März 1933 bietet sich jedenfalls grundsätzlich an[2]. Gegen einen solchen Vergleich spricht nicht, daß Frankreich militärisch geschlagen war.

---

* Herrn Kollegen *Rudolf Bernhardt*, Direktor des Max-Planck-Instituts für ausländisches öffentliches Recht und Völkerrecht in Heidelberg, sei für wertvolle Unterstützung herzlich gedankt.

[1] Verhandlungen des Reichstags, VIII. Wahlperiode 1933, Bd. 457, Stenographische Berichte, Berlin 1934, S. 32 ff.

[2] Von staatsrechtlicher Seite dazu grundlegend *H. Schneider*, Das Ermächtigungsgesetz vom 24. März 1933. Bericht über das Zustandekommen und die Anwendung des Gesetzes, Vierteljahreshefte für Zeitgeschichte 1 (1953), S. 197 - 221.
Zwei seltsame Koinzidenzen sind bisher kaum aufgefallen, 1. daß die Weimarer Republik das Ende in der Krolloper erlebte, die III. Republik im Casino de Vichy, 2. daß in beiden Fällen nach 1945 ein Politiker, der dem Ermächtigungsgesetz zugestimmt hatte, Staatspräsident wurde, nämlich hier *Heuss* und dort *Coty*.

Das Gesetz vom 10. Juli beruhte nicht auf einem Diktat des Siegers. Der Waffenstillstand war bereits geschlossen (22. 6.), Vichy lag im *nicht*-besetzten Teil Frankreichs. Unter diesem rein *außen*politischen Aspekt war die Assemblée Nationale 1940 in Vichy eigenständiger als der Parlamentarische Rat 1948/49 in Bonn. Daß die schwere militärische Niederlage Frankreichs für *dieses* Ende der Republik von Belang war, ist unbestreitbar. Für die *rechtliche* Qualität des Ermächtigungsgesetzes vom 10. 7. 1940 ist das belanglos.

Die Tatsache, daß innerhalb von nur sieben Jahren zwei große Republiken auf solche Weise ihr Ende fanden, scheint in ihrer *gesamteuropäischen* Bedeutung in Vergessenheit zu geraten. Die beiden Ermächtigungsgesetze sind jedoch zu bedeutsam, als daß sie lediglich als nationale „Betriebsunfälle" erörtert werden könnten. Sie stellen Marksteine (oder: Mahnmale) eines wichtigen Teils der Geschichte dar[3].

I.

Die damaligen Ereignisse in Deutschland könnten heute sogar den Eindruck erwecken, als habe es sich um etwas spezifisch Deutsches gehandelt, um etwas, von dem vor allem das Gegenteil, das „Französische", verschont geblieben sei. Tatsächlich aber gab es eine weitverbreitete Krise des parlamentarischen Regierungssystems[4].

1. Wir erwähnen vorab, daß von den Siegermächten des Weltkrieges Italien schon bald nach den Friedensschlüssen in jene Krise geriet, für die *Mussolini* mit dem fascio einen Ausweg anbot, wenngleich unter Beibehaltung der Monarchie. Auch gerieten etliche „Nachfolgestaaten", insbesondere diejenigen Österreich-Ungarns, in beträchtliche innenpolitische Probleme, die auch das parlamentarische System in Mitlei-

[3] Im folgenden können einschlägige Materialien und Studien nur im begrenzten Umfang zitiert werden. Deshalb sollen vor allem die jeweils neuesten Publikationen angeführt werden, aus denen sich die Hinweise auf älteres Schrifttum ergeben. Neuere französische Studien über unser Thema sind auffallend selten. Als allgemeine Darstellung: *E. Berl,* La fin de la IIIe République — 10 Juillet 1940, Paris 1968. Betreffend die deutschen Vorstellungen: *E. Jäckel,* Frankreich in Hitlers Europa. Die deutsche Frankreichpolitik im Zweiten Weltkrieg, Stuttgart 1966. Darstellung unter verfassungsgeschichtlichem Aspekt: *J. Petot,* Les grands étapes du régime républicain français (1792 - 1969), Paris 1970. Unentbehrlich für die Zeit bis 1938 bleiben die Berichte in: Jahrbuch für öffentliches Recht.

[4] Statt vieler siehe *K. J. Newman,* Zerstörung und Selbstzerstörung der Demokratie: Europa 1918 - 1938, Köln 1965. Eine zeitgenössische positivrechtlich-vergleichende Untersuchung: *G. Burdeau,* Le régime parlementaire dans les Constitutions européennes d'après-guerre, Paris 1932. Mehr kritisch: *J. Barthélemy,* La crise de la démocratie contemporaine, Paris 1931, auch wichtig wegen der späteren politischen Aktivitäten des namhaften Staatsrechtslehrers.

denschaft zogen. Diese Probleme wurden durch den Umstand verschärft, daß es sich dabei meistens um völlig neue Gebilde handelte, um Staaten, deren Bedarf an Integrationskraft besonders hoch war. Das galt nicht zuletzt wegen der mitunter großen Probleme von Minderheiten. Die Belastungen, die dies alles für das parlamentarische System mit sich bringen mußte, waren also von Beginn an, bereits lange vor der Weltwirtschaftskrise, sehr hoch. Demgemäß stellten sich in etlichen dieser Staaten Krisen ein, so in Polen, so in Österreich, auch in Jugoslawien, Ungarn, Rumänien, und schließlich zeigte auch die Tschechoslowakei große Probleme (bezüglich der Slowaken und der Deutschen, auch anderer Minderheiten, z. B. der Polen). Das führte zwar nicht in allen Fällen zur Abschaffung des parlamentarischen Systems, wohl aber zu vielen Umbauten bis dahin, daß von einer parlamentarischen Regierungsweise kaum noch die Rede sein konnte.

Insbesondere das Entstehen von sog. negativen Mehrheiten trug zu diesen Krisen bei. Die eben erwähnte Situation brachte es mit sich, daß die negativen Mehrheiten in manchen Fällen nicht nur „sozialer", sondern, zugleich das „Soziale" durchkreuzend, „nationaler" Art waren, z. B. Parteien starker nationaler Minderheiten. Ein beliebter Ausweg aus der drohenden Regierungsunfähigkeit bestand darin, daß das Parlament die Exekutive zum Erlaß von sog. gesetzesvertretenden Verordnungen ermächtigte[5]. Damit entstand die Frage, wann die Quantität solcher „Notmaßnahmen" in die Qualität des „Verfassungswandels" umschlagen würde. Daß in manchen Staaten insoweit die Grenzen fließend blieben, vermag die Feststellung nicht zu verhindern, daß der Übergang zu einer anderen Staatsform mitunter nur eine graduelle Maßnahme war. Die weitere Frage, wohin dieser Übergang führte, interessiert im Detail hier nicht mehr. Nur so viel sei gesagt: nicht selten in Regime, die immerhin noch einiges an Rechtsstaatlichkeit behielten. An der Feststellung, daß die Krise des parlamentarischen Regierungssystems weit verbreitet war, vermag das nichts zu ändern. Schließlich sei noch bemerkt, daß auch Staaten, die mit dem Weltkrieg wenig zu tun hatten, ebenfalls solche Krisen erlebten, so Portugal und Spanien. Damit zeigt sich, daß die Gemengelage der Krisen*ursachen* zu vielfältig ist, als daß sie sich mit wenigen Sätzen beschreiben ließe.

2. Sogar in Frankreich zeigte die Republik nach 1918 Schwächen, die bald zu Krisen des parlamentarischen Regierungssystems führten.

---

[5] Wichtig *C. Schmitt*, Vergleichender Überblick über die neueste Entwicklung des Problems der gesetzgeberischen Ermächtigungen (Legislative Delegationen), Zeitschrift für ausländisches öffentliches Recht und Völkerrecht 6 (1936), S. 252 ff. (Französische Übers. in: Recueil d'Etudes en l'honneur d'Edouard Lambert, Lyon 1938, S. 200 ff.). Immer noch nützlich der vergleichende Sammelband: Die Übertragung rechtsetzender Gewalt im Rechtsstaat, Frankfurt 1952.

a) Wir meinen hier nicht die häufigen Umbildungen von Kabinetten in der Zeit vor 1914. Die Bedeutung dieses ziemlich raschen Wechsels von Regierungen ist lange überschätzt worden. Ausdrücke wie „stabilité dans l'instabilité" treffen die Vorgänge jener Zeit besser als „Krise des parlamentarischen Regierungssystems"[6]. Man weiß inzwischen, daß häufige Regierungswechsel bzw. Wechsel von Ministern weniger tiefgehende Gründe haben können, so etwa ständige Rivalitäten von Cliquen (sogar von einzelnen Personen) innerhalb eines stabilen Rahmens. So wird man auch die recht häufigen Wechsel von Ministern in der V. Republik zu verstehen haben, insbesondere zur Zeit gaullistischer Regierung[7]. Von Krisenerscheinungen in der III. Republik Frankreichs wird man deshalb erst für die Zeit nach dem Weltkrieg reden können. Selbstverständlich gab es auch vor 1914 in Frankreich Kräfte, die der Demokratie, jedenfalls der mit parlamentarischer Regierungsweise, teils feindselig, teils sehr reserviert gegenüberstanden. Für die Auslösung veritabler Krisen des parlamentarischen Systems reicht das erfahrungsgemäß nicht aus. Die entscheidende Frage geht dahin, ob Situationen entstehen, die jenen Kräften Verstärkung bringen, oder ob sich daneben neue antiparlamentarische Kräfte bilden. Erst dann kann es zu negativen Mehrheiten kommen.

Ein parlamentarisches System, das nicht von einem gouvernement de l'exécutif, sondern von einem gouvernement d'assemblée ausgeht, muß eher in Krisen geraten[8]. Das gouvernement d'assemblée mag einer „stationären" Gesellschaft angemessen sein, wo es nicht viele Aufgaben für den Staat und damit für den „regierenden Gesetzgeber" gibt. Erhöht sich, wie nach 1919, schlagartig der Bedarf an staatlicher Aktivität, so ergeben sich Schwierigkeiten. Das zeigt die Entwicklung in Frankreich: 1920 verabschiedete das Parlament bei weitem nicht die Hälfte

---

[6] So auch die Ausführungen von *A. Mathiot* im Sammelband: Centenaire de la IIIe République. Actes du colloque de Rennes 15/17 Mai 1975, Paris 1975, S. 163 f. (Eingehender zu diesem interessanten Band die Bemerkungen in: Vive la République! Quelle République?, Der Staat 16 [1977], S. 110 ff.)

[7] Dazu aus nächster Anschauung *A. Peyrefitte*, Le Mal Français, Paris 1976, S. 293 f. (Deutsch: Was wird aus Frankreich?, Berlin 1978.)

[8] Darüber z. B. *Mathiot*, *Georgel* und *Dupuis* in ihren Beiträgen zum Band: Centenaire etc., a.a.O. Vorher monographisch: *P. Bastid*, Le gouvernement d'Assemblée, Paris 1956.

Die Kritik am gouvernement d'assemblée setzte vor allem ein mit *J. Barthélemys* Le rôle du pouvoir exécutif dans les Républiques modernes, Paris 1907. Wichtig dann *M. Hauriou*, Précis de Droit constitutionnel, 2. Aufl. Paris 1929 (Nachdruck Paris 1965), S. 376 ff. Kurz vor Kriegsausbruch dann *E. Giraud*, Le pouvoir exécutif dans les démocraties d'Europe et d'Amérique, Paris 1938. Über Haurious geistigen Einfluß auf die Verfassung der V. Republik: *L. Sfez*, Maurice Hauriou et l'avènement des exécutifs forts dans les démocraties occidentales modernes, in: La Pensée du Doyen Maurice Hauriou et son Influence (Journées Hauriou, Toulouse, Mars 1968), Paris 1969, S. 111 ff.

der von der Regierung eingebrachten Gesetzentwürfe (210 zu 478). Die Wahlen von 1924 brachten einen Ruck nach links (cartel de gauches). 1928 schlug das Pendel in die andere Richtung, 1932 versuchten es die Wähler wieder mit einer Linkskoalition. Sie fuhr sich jedoch, weil nicht stark bzw. geschlossen genug, bald fest. Als es am 6. Februar 1934 in Paris zu Straßenschlachten (mit Toten) kommt, muß man als „Retter der Nation" den früheren Staatspräsidenten *Doumergue* zum Président du Conseil machen[9]. *Pierre Laval* hielt sich etwas länger, bis die Wahlen von 1936 einen enormen Ruck nach links auslösten. Es bildete sich die „Volksfront", d. h. eine Regierung ohne Kommunisten, jedoch mit parlamentarischer Unterstützung der KPF. Aber auch das hält nicht lange vor; im April 1938 wird ein Kabinett wieder unter *Daladier* gebildet. Der Krieg verhinderte die fälligen Wahlen; am 21. 3. 1940 übernimmt *P. Reynaud* die Présidence du Conseil, mit General *de Gaulle* als Unterstaatssekretär (vergleichbar dem Staatsminister). Am Ende der militärischen Katastrophe, am 16. Juni, wird Marschall *Pétain* Regierungschef.

b) Die Schwächen des Gesetzgebers beruhten anfangs nicht auf *radikalen* negativen Mehrheiten. Sie haben, was für die Folge eine wichtige Feststellung ist, systeminterne Gründe. So rügte man eine Überforderung des politischen Personals, sogar ein Absinken der Qualität[10]. Statt fachlicher Kontrolle des Wesentlichen häufen sich die Gesetzentwürfe und Abänderungsanträge aus der Mitte des Parlaments, überwiegend orientiert an lokalen bzw. wahlklientelhaften Zielen. Bei der Austeilung staatlicher Hilfen und Wohltaten sei man zu großzügig gewesen, zur Kraft für die Bereitstellung der Mittel bzw. zum Einsammeln der Wahlgeschenke habe es nicht gereicht[11].

Die Regierungen verfügten gemäß dem Prinzip des gouvernement d'assemblée nicht über Eigenständigkeit gegenüber dem Parlament. Abgesehen davon, daß es keine plebiszitären Elemente gab, mit denen die Regierung bzw. der Präsident der Republik hätte vor das Volk treten können, bestand keine organisatorische Hemmung für den Sturz einer Regierung. Bereits 1934 meinte Reynaud, das Parlament könne mit den Ministern Katz und Maus spielen[12]. Trotz brüchiger Partei-

---

[9] Umfassend, wenn auch mit Vorsicht zu lesen wegen der starken Wertungen: *S. Berstein*, Le 6 Février 1934, Paris 1975. Vgl. auch *K. Braunias*, Staatskrise und Staatsreform in Frankreich, Jahrbuch für öffentliches Recht 23 (1936), S. 105 ff., sowie *J. Gicquel*, in: *J. Gicquel / L. Sfez*, Problèmes de la réforme de l'Etat en France depuis 1934, Paris 1965, S. 73 ff.

[10] *Petot*, a.a.O., S. 486 ff.

[11] Ebd., S. 488. Vgl. auch die sachliche Kritik bei *G. Burdeau*, Cours de Droit Constitutionnel, Paris 1942, S. 150 ff.

[12] *P. Reynaud*, La réforme de l'Etat, Rev. pol. et parl., 1934, S. 4 f.

koalitionen besaß das Parlament mit den ständigen Ausschüssen viel Macht, so viel immerhin, daß man sie als „Nebenregierungen" betrachtete[13]. Von einer hinreichenden Leitung der Regierung konnte nicht die Rede sein. Der Président du Conseil hatte keine Instrumente der Gesamtleitung[14]. Erst 1917 erhält die Présidence ein Verwaltungssekretariat. Folglich mußte der Regierungschef ein wichtiges Ministerium leiten, wollte er mehr Macht haben, und dies wiederum ging auf Kosten entweder der Présidence oder des betreffenden Ressorts.

Die Gesetzgebung konnte schließlich nur noch durch gesetzesvertretende Verordnungen der Exekutive aufrechterhalten werden (décret-loi)[15]. Zwar enthielt die Verfassung von 1875 kein ausdrückliches Verbot der Delegation der rechtsetzenden Gewalt auf die Regierung; aber es war vor 1914 feste Rechtsprechung des Conseil d'Etat und herrschende Lehre, daß die Verfassung es dem Gesetzgeber nicht gestatte, die rechtsetzende Gewalt *so* zu übertragen. Sogar während des Weltkrieges hielt das Parlament an dieser Meinung fest, bis es im Februar 1918 der Regierung *Clemenceau* gestattete, mit décret-loi zu arbeiten[16]. Im März 1924 erhielt die Regierung *Poincaré* ebenfalls eine Ermächtigung, die nächste Regierung Poincaré eine solche im August 1926. Damit setzte sie eine Verwaltungsreform durch[17]: Wohl das erste Zeichen dafür, daß entscheidungsscheue Abgeordnete im Verzicht auf ihre Kompetenz auch einen Vorzug zu erkennen vermögen — der erste Schritt zur Abdankung, und zwar *ohne* die Präsenz radikaler negativer Mehrheiten. Dann häuften sich die Ermächtigungen an die Exekutive. Auch wenn das Parlament zunächst bemüht war, die Ermächtigungen zu umreißen, um damit jener Auslegung der Verfassung zu folgen, die *begrenzte* Ermächtigungen zuließ, so wurden diese Sicherungen immer schwächer. Schließlich wurde vom 30. 6. 1937 bis zum Ausbruch des Krieges von den

---

[13] Damals schon klar *M. Leroy*, Les tendances du pouvoir et de la liberté en France au XXe siècle, Paris 1937.

[14] Zur geschichtlichen Entwicklung *J. Massot*, Le Chef du Gouvernement en France, Paris 1979, S. 28 ff. Vgl. auch *F. de Baecque*, Qui gouverne la France?, Paris 1976, S. 32 ff.

[15] Wichtig noch immer der Bericht von *H. Ballreich* in: Die Übertragung rechtsetzender Gewalt, a.a.O., S. 325 ff. Neueren Datums ist *R. Klisch*, Gesetz und Verordnung in der Verfassung der 5. französischen Republik vom 4. Oktober 1958, Berlin 1971, S. 18 ff. Die Theoriediskussion bei *Chr. A. L. Rasenack*, Gesetz und Verordnung in Frankreich seit 1789, Berlin 1967. Eine umfassende ältere französische Arbeit ist *M. Mignon*, La pratique des décrets-lois devant la doctrine et la jurisprudence, Paris 1938. Vorzüglich die Arbeit des Rumänen *D. Rusu*, Les décrets-lois dans le régime constitutionnel de 1875, Thèse Droit Bordeaux 1942. Vergleichend die Darstellung des Schweden *H. Tingsten*, Les pleins pouvoirs. L'expansion des pouvoirs gouvernementaux pendant et après la Grande Guerre, Paris 1934.

[16] Dazu *Rusu*, a.a.O., S. 57 ff.

[17] Einzelheiten jetzt bei *St. Rials*, Administration et Organisation 1910 bis 1930, Paris 1977, S. 208 ff.

26 Monaten 13 hindurch nur mit décrets-loi regiert[18]. Die Parallele zur Handhabung des Notverordnungsrechts gemäß Art. 48 WRV seit der Regierung *Brüning* bietet sich an. (Daß das Gesetz vom 8. 12. 1939 der Regierung eine fast unbegrenzte Befugnis zur Rechtsetzung übertrug, ist für unser Thema nicht *unbedingt* belangvoll, weil es sich um Maßnahmen in einem „modernen" Krieg handelt. Auch ein handlungsfähiges Parlament hätte das beschließen können.)

Sowohl der Conseil d'Etat als auch die Rechtslehre haben versucht, dieser Praxis bejahend Herr zu werden, wenngleich mit sehr unterschiedlichen Begründungen[19]. Überwiegend wurde auf die „Notsituation" abgestellt, um die Ausnahme vom verfassungsgesetzlich festgelegten Grundsatz der Gewaltentrennung zu rechtfertigen. Damit wird das Problem in die Frage verlagert, *wann* ein solcher Notstand vorliege: Liegt er auch dann vor, wenn das Parlament *ohne* äußere oder innere Bedrohung handlungsunfähig ist? Bejaht man diese Frage, so geht man vom „Notstand" über zur „Staatsräson". Doch verloren solche Erklärungen an Überzeugung, als sich die Ermächtigungen an die Exekutive häuften und ihre Begrenzungen immer undeutlicher wurden.

3. Diese Erschütterungen des parlamentarischen Systems haben zu einem anhaltenden Verlust an Vertrauen in seine Leistungsfähigkeit geführt, zumal Skandale wie der Stavisky-Skandal das Vertrauen breiter Bevölkerungsschichten unterminierten.

a) Waren bis dahin die Kommunisten in Frankreich eine auch parlamentarisch schwache Kraft, so errangen sie bei den Wahlen des Jahres 1936 anstelle von bisher 8 nunmehr 72 Sitze. Das brachte die Sozialisten in die Versuchung, ihre Vorstellungen in einer „Volksfront" gemeinsam mit den Kommunisten durchzusetzen[20]. Es war der Versuch des Ausbruchs einer systemtreuen Partei nach links, weil sie andere Auswege versperrt glaubte. Daß die sozialen Reformen die französische Militärmacht gegenüber dem rasch aufrüstenden Deutschen Reich noch mehr zurückwerfen mußten, war offenkundig. Dadurch wurde selbst in diesen politischen Kreisen den Versicherungen Hitlers gegenüber Frankreich weithin Glauben geschenkt.

Die rechten antiparlamentarischen Kräfte fühlten sich durch die Lage der Republik in ihrer Haltung bestärkt[21]. Wichtiger aber noch war das

[18] *Ballreich*, a.a.O., S. 333 Anm. 23.

[19] Näheres bei *Ballreich*, a.a.O., S. 326 ff.

[20] Programm bei *Braunias*, a.a.O., S. 117/118.

[21] Aus der umfangreichen Literatur über die Action française etwa *E. Nolte*, Der Faschismus in seiner Epoche. Action française — Italienischer Faschismus — Nationalsozialismus, 5. Aufl., München 1979, S. 61 ff.; *Eugene*

Entstehen neuer, ungewohnter Formierungen[22]. Vornehmlich handelte es sich um Jüngere, die eine durchgehende allgemeine Erneuerung des Landes verlangten. Bezeichnenderweise fiel der Ausdruck „Non-Konformisten“[23]. Selbst wenn bisweilen die Unterschiede, z. B. zum italienischen Faschismus, undeutlich wurden, so wird man von einer eigenständigen Ausprägung nicht-traditioneller Rechten bzw. Linken reden dürfen. Die Bildung des Parti Populaire Français (PPF) durch den ehemaligen kommunistischen Politiker *Jacques Doriot* zeigte das deutlich, wiewohl der Partei keine anhaltenden Erfolge beschieden waren[24].

Die etablierten Strukturen der Führungen auch der politischen Mitte und der Rechten ließen eine positive Auswirkung dieser Bewegungen nicht zu. Entweder kam es zu Resignation, oder die Betreffenden wurden antiparlamentarisch, lockerten die Loyalität zum System. All dies verschlechterte die Situation der Republik zusätzlich, zumal die seit 1934 erhöhten, ab 1936 noch verschärften sozialen Spannungen den „Fundamentalkonsens“ erheblich beschädigt hatten. Eine bürgerkriegsähnliche Atmosphäre ist von vielen Zeitgenossen gespürt worden. Für die Außenpolitik Frankreichs hatte dies zur Folge, daß die Einheit der nationalen Interessen zunehmend hinter internationale Konstellationen zurücktrat[25]. Der Spanische Bürgerkrieg wirkte noch verschärfend. Die

---

Weber, Action française — Royalism and Reaction in 20th century France, Stanford 1962. Über andere traditionelle rechte Gruppierungen *Braunias*, a.a.O., S. 88 ff.

[22] Gegen die zunehmende Gewaltanwendung richtete sich das Gesetz vom 10. 1. 1936, Journal Officiel, 12. 1. 1936, S. 522. Die Kammermehrheit wollte es gegen rechtsradikale Organisationen richten, im Senat wurde dieser Vorstoß abgemildert. Text in deutsch bei *Braunias*, a.a.O., S. 121.

[23] Darüber materialreich *J. Touchard*, L'esprit des années 1930: Une tentative de renouvellement de la pensée politique française depuis 1789, Paris 1960, S. 89 ff.; *J.-L. Loubet del Bayle*, Les non-conformistes des années 30. Une tentative de renouvellement de la pensée politique française, Paris 1969; Revue européenne des sciences sociales — Cahiers Vilfredo Pareto, (t.XII, 1974, no 31: Sur l'oeuvre d'Henri Man. Aufschlußreich auch Memoiren von Personen aus diesem Kreis, so von *B. de Jouvenel* und *E. Berl*. Dazu eingehender unten S. 71 ff.

[24] Über Doriot, der später führender „Kollaborateur“ wurde, *D. Wolf*, Die Doriot-Bewegung. Ein Beitrag zur Geschichte des französischen Faschismus, Stuttgart 1967, S. 235 ff. In dieser Richtung engagierte sich auch ein namhafter Schriftsteller, *Pierre Drieu La Rochelle*, der ebenfalls führender „Kollaborateur“ wurde. Darüber jüngstens *R. J. Soucy*, Drieu La Rochelle — Fascist Intellectual, Stanford 1979, *P. Andreu / F. Grover*, Drieu La Rochelle, Paris 1979, *M. Reboussin*, Drieu La Rochelle et le mirage de la politique, Paris 1980, und der Band über Drieu La Rochelle in den „Cahiers de l'Herne“, Paris 1982. Umfassend über die Intellektuellen: *Herbert R. Lottman*, La Rive gauche. Du Front populaire à la guerre froide, Paris 1981, vor allem S. 177 ff.

[25] Statt vieler *de Jouvenel*, Un voyageur, S. 174, und *Raymond Aron*, De l'armistice à l'insurrection nationale, Paris 1945, S. 17. Das sollte sich später in Vichy auswirken, vgl. *G. Warner*, Pierre Laval and the eclipse of France, London 1968.

nicht-linken und antitraditionellen Jungen gerieten in die Lage, gegenüber einem nicht mehr republikanischen Deutschen Reich die Schäden des Versailler Vertrages und seiner Folgen reparieren zu wollen; manche sympathisierten sogar mit dem (unverstandenen) „Neuen" in Deutschland[26].

b) Es gab auch etliche literarische Ansätze zu einer Reform des Staates. Während den politischen Versuchen zu Reformen kein Erfolg beschieden war[27], kann sich das Volumen an beachtlichen Reformideen sehen lassen[28].

Allerdings waren viele Vorschläge von namhaften Staatsrechtslehrern eher timide. So glaubte *Barthélemy*, Änderungen der Geschäftsordnungen könnten bereits viel bewirken[29]. Andererseits sollte, wie schon früher, eine Verwaltungsreform die politischen Übel beseitigen[30]. Die vielen Ausführungen zur Staatsreform darzustellen, würde hier zu weit führen; viele Vorschläge zielten auf eine Stärkung der Exekutive. Jedenfalls war ihnen einstweilen kein politischer Erfolg beschieden[31]. Allerdings soll erwähnt werden, daß es auch Vorschläge „bonapartistischer" Richtung gab, jener spezifisch französischen Ausprägung von Diktatur bzw., falls auf Dauer angelegt, von autoritärer Republik. *Hervé* verlangte 1935 in einer kaum beachteten Schrift, Pétain die

---

[26] Bericht eines Zeugen: *de Jouvenel*, a.a.O., S. 200 ff. Manche dieser Jungen, häufig aus der Ära Briand-Stresemann kommend, wurden später „Kollaborateur", andere gingen in die résistance, andere zu de Gaulle, andere hielten sich zurück. Jedenfalls spielte *Otto Abetz*, nach 1940 als Botschafter in Paris, der bereits vor 1933 für die deutsch-französische Verständigung tätig war, eine wichtige Rolle, vgl. nur *de Jouvenel*, a.a.O.

[27] Dazu etwa *Petot*, a.a.O., S. 501 ff. Hier sind vor allem die Bemühungen von *A. Tardieu* zu erwähnen, der zwischen 1929 und 1932 dreimal Président du Conseil war. Er hat sich auch stark publizistisch betätigt. Von ihm vor allem: Lá Révolution à refaire; t.I: Le souverain captif, t.II: La profession parlementaire, Paris 1936 - 37. Über ihn etwa *L. Aubert et al.*, André Tardieu, Paris 1957, mit Bibliographie.

[28] Das Schrifttum ist kaum zu überblicken. Als Einweisung etwa *Gicquel*, Le problème de la réforme de l'Etat, a.a.O.; sowie die Ausführungen bei *Braunias*, a.a.O., S. 86 ff., sowie ebd., S. 1 ff., die Darlegungen von *R. Capitant*. Capitant hatte 1934 veröffentlicht: La Réforme du Parlementarisme, Paris. Hier ist auch zu erwähnen der Band „Réformes de l'Etat" der Annales du Droit et des Sciences Sociales 2 (1934), no. 2 - 3, mit Studien namhafter Rechtslehrer. Es wurde sogar ein „Comité technique pour la réforme de l'Etat" gebildet, das fast nur aus Rechtsprofessoren und Mitgliedern des Conseil d'Etat bestand und vom Senator *Jacques Bardoux*, dem Großvater des früheren Staatspräsidenten *Giscard d'Estaing*, geleitet wurde. Daraus entstand der Sammelband: *J. Bardoux*, ed., La Réforme de l'Etat, Paris 1936.

[29] Vgl. *Petot*, a.a.O., S. 496.

[30] Vgl. *A. Lanza*, Les projets de réforme administrative en France (de 1919 à nos jours), Paris 1968, S. 61 ff.

[31] *Einstweilen* — ein Teil der aktiv beteiligten Personen versuchte nach dem 10. 7. 1940, ihre alten Themen wieder aufzugreifen und umzusetzen. Dazu Näheres unten S. 38 ff.

Macht zu übertragen. Pétain distanzierte sich von solchen Forderungen[32].

Die innere Situation Frankreichs, die sich unvermeidbar auf seine außen- und militärpolitische Lage auswirkte, mußte die Reifung von Hitlers Entschlüssen beschleunigen.

II.

Bereits vor dem Ausbruch des Zweiten Weltkrieges gab es in Frankreich Vorgänge von verfassungsrechtlicher Bedeutung, die für den Beschluß der Nationalversammlung vom 10. Juli 1940 von direktem Belang sind. Bevor wir auf die Ereignisse in Vichy eingehen, soll daher die Problematik skizziert werden, die sich aus der Einstellung von Regierung und Parlament zur Kommunistischen Partei Frankreichs ergab[33]. Es war dies ein geradezu mustergültiger Fall eines Parteiverbotes mit allen Konsequenzen.

1. Nach dem Abschluß des Paktes zwischen der Sowjetunion und dem Deutschen Reich, der für die Auslösung des Angriffs auf Polen und für dessen erneute Zerstückelung entscheidend war, stand Frankreich vor der Frage, wie es sich zu jener Partei verhalten solle, die sich direkt auf Moskau, den Bündnispartner Hitlers, berief. Vorgänge um kommunistische Politiker verstärkten die Neigung weiter Kreise, Maßnahmen gegen die KPF zu unternehmen. Das décret-loi vom 26. 9. 1939 verbot jedwede Aktivität zugunsten der III. Internationalen und der von ihr kontrollierten Organisationen. Ferner wurde die KPF aufgelöst, einschließlich der Nebenorganisationen[34]. Doch wollte man es dabei nicht belassen, vor allem gab es auf allen Stufen politischer Repräsentation die *Mandatsträger* der KPF. In der Kammer hatte sich die Fraktion der KPF aufgelöst und in eine „Groupe ouvriers et paysans français" umgebildet. Die Regierung ordnete jedoch vor dem Pariser Militärgericht eine Untersuchung gegen diese neue Fraktion an, in deren Ver-

---

[32] *G. Hervé*, C'est Pétain qu'il nous faut, Paris 1935. Nur die große Révision Constitutionnelle könne Frankreich retten; ohne Hitler und Mussolini oder Napoleon nachzuäffen, müsse Frankreich seinen Weg gehen, doch das mindeste sei die Schaffung einer „République autoritaire à base professionnelle", wo es keine politischen „factions" mehr gebe. Übrigens war Pétain 1934 Kriegsminister im Kabinett *Doumergue*, vgl. etwa *P. Pellissier*, Philippe Pétain, Paris 1980, S. 171 ff. Zu Hervé vgl. *H. Taÿ*, Le régime présidentiel et la France, Paris 1967, S. 99 ff.

[33] Gute Darstellung des Ablaufs bei *E. Bonnefous*, Histoire politique de la 3e République, t.7, Paris 1967, ferner *G. Rossi-Landi*, La drôle de guerre. La vie politique en France, 2 septembre 1939 - 10 mai 1940, Paris 1971, S. 133 ff. Über des Autors Einschätzung der KPF kann man gewiß streiten.

[34] Journal Officiel vom 26. 9. 1939, S. 11770.

lauf es zwischen dem 5. und dem 10. Oktober zu Festnahmen kommunistischer Deputierter kam[35].

Von Deputierten wurde ein Gesetzentwurf eingebracht, der auf den Verlust der Mandate aller kommunistischen Mandatsträger in Frankreich abzielte. Man wollte, im Gegensatz zum Verbot der KPF mittels décret-loi am 26. 9., den Mandatsverlust in Form des Gesetzes beschließen. Offenbar war man sich des rechtlichen Unterschiedes zwischen den beiden Entscheidungen bewußt[36]. Immerhin wurde festgelegt, daß ein Mandatsträger sich „von Moskau lossagen“ konnte. Die Frist dafür wurde rückwirkend festgelegt, auf den 26. Oktober 1939. Die Kammer nahm am 16. Januar 1940 das Gesetz mit 521 zu 2 Stimmen an. Der Senat sprach sich mit 292 Stimmen einstimmig für das Gesetz aus, das am 21. 1. verkündet wurde[37].

Das Gesetz bestimmte ferner, daß der Verlust des Mandats in gesetzgebenden Körperschaften auf Antrag der Regierung durch den Senat bzw. die Kammer auszusprechen sei, in allen anderen Fällen auf Antrag des Préfet durch den conseil de préfecture. Die Mandatsträger, die in Anwendung des Dekrets vom 26. 9. 1939 für Taten verurteilt wurden, die nach dem Mandatsverzicht oder nach der Lossagung von Moskau begangen wurden, sollen das Mandat mit der Rechtskraft der Verurteilung verlieren. Die Kammer stellte am 20. 2. 1940 einstimmig (492 Stimmen) den Mandatsverlust der von 72 verbliebenen 60 kommunistischen Deputierten fest, der Senat schloß den einzigen kommunistischen Senator einstimmig am 29. Februar aus. Damit waren die beiden Häuser „gereinigt“. Vorher aber, noch vor dem Ausbruch des Krieges, hatte ein décret-loi vom 29. Juli 1939 die Legislaturperiode, die am 1. 6. 1940 hätte enden sollen, um zwei Jahre verlängert[38]. Ein décret-loi vom 18. 11. 1939 verlegte alle Wahlen auf die Zeit nach dem Ende der Feindseligkeiten[39].

2. Wohl nur der unerwartete Angriff der Deutschen am 10. Mai 1940 verhinderte den Sturz des Kabinetts Reynaud. Am 16. Juni demissionierte Reynaud. Präsident *Lebrun* beauftragte Marschall Pétain mit der Bildung der neuen Regierung, wohl wissend, daß dieser wie die anderen hohen Militärs einen baldigen Waffenstillstand wollte[40]. Von den

---

[35] Vgl. *Bonnefous*, a.a.O., S. 125.

[36] *Bonnefous*, a.a.O., S. 126, berichtet aus den unveröffentlichten Tagebüchern eines radikalsozialistischen Deputierten über den Entwurf: „Sans doute, on peut en discuter la légalité. Mais nous sommes en guerre et la proposition du Gouvernement est une mesure de salut public.“ Das bedarf keiner Erläuterung.

[37] Journal Officiel vom 21. 1. 1940, S. 602.

[38] Journal Officiel vom 30. 7. 1939, S. 9606.

[39] Journal Officiel vom 28. 11. 1939, S. 13460.

16 Ministern und 2 Unterstaatssekretären (also Staatsministern) des Kabinetts Pétain hatten nicht weniger als 11 bereits der Regierung Reynaud angehört. 7 Minister waren Parlamentarier (Sozialisten, Radikalsoziale und PSF), 5 waren Generäle und 4 „Technokraten". *Robert Schuman* wurde Unterstaatssekretär für die Flüchtlinge[41], *R. Alibert,* ein namhafter Jurist, dem Regierungschef beigegeben[42]. Laval gehörte dem Kabinett noch nicht an, weil man ihm nur das Justizressort, nicht aber das begehrte Außenamt angeboten hatte.

Während Pétain in einer Erklärung vom 17. Juni die Bereitschaft zum Waffenstillstand erläuterte, rief de Gaulle am 18. 6. über BBC zur Fortführung des Kampfes auf. Der Waffenstillstand wurde am 22. 6. unterzeichnet[43], als sich die Regierung in Bordeaux aufhielt. Laval wurde am 23. 6. als Sonderminister ins Kabinett berufen, am 27. 6. dann Stellvertreter Pétains. Nach einem kurzen Aufenthalt in Clermont-Ferrand ging die Regierung nach Vichy (ab 1. 7.). Für den weiteren Ablauf der Ereignisse nicht unwichtig war der Überfall britischer Einheiten auf einen Teil der französischen Flotte am 3. 7. vor Oran (Mers-el-Kebir), mit fast 1300 Toten und Vermißten[44]. Vor allem der Englandhaß Lavals wurde dadurch noch verschärft, was seine Position aufwerten mußte.

3. Jetzt zeichneten sich konkrete Pläne für eine Verfassungsänderung größeren Stils ab. Bereits am 30. 6. hatte Laval im „kleinen" Kabinett

---

[40] Das Folgende nach *Berl,* a.a.O., sowie *H. Michel,* Vichy — Année 40, Paris 1966, S. 36 ff., und *Bonnefous,* t.VII, a.a.O., S. 228 ff.

[41] Irrtümlich bei *Michel,* a.a.O., S. 36 „Schumann" geschrieben. Vor dem Sondergericht nach der Libération wurde Schuman nicht angeklagt; vielmehr wurde das Ermittlungsverfahren eingestellt.

[42] Raphaël Alibert, wohl Monarchist, war Mitglied des Conseil d'Etat gewesen und später in die Großindustrie gegangen. Sein Buch „Le contrôle juridictionnel de l'administration au moyen du recours pour excès de pouvoir" (Paris 1926) galt als Standardwerk. Er kannte Pétain seit 1930. Von 1941 bis 1942 war er Justizminister. Näheres über ihn und andere Persönlichkeiten des Vichy-Regimes bei *Y. Durand,* Vichy 1940 - 1944, Paris 1972, S. 158 ff. Nachfolger Aliberts bei Pétain wurde *Lucien Romier,* schon früher einer der engsten Berater Pétains. Romier war als Historiker bekannt geworden, wurde dann Journalist, war zuletzt leitender Redakteur beim „Figaro". Über ihn *Chr. Roussel,* Lucien Romier, Paris 1979.
Über Alibert gibt es interessante Bemerkungen im Buch des deutschen Journalisten (und Frankreichkenners) *Max Clauss,* Zwischen Paris und Vichy, Berlin 1942, S. 47 f. Der „juristische Vater" der Vichy-Verfassung habe ihm wiederholt gesagt, er habe das Beispiel des Juden *Hugo Preuß* vor Augen, als Urbeispiel jener Demokratie, die mit Stumpf und Stil auch in Frankreich ausgerottet werden solle. (Preuß war bekanntlich der „juristische Vater" der Weimarer Reichsverfassung.) Er war einer der Hauptbetreiber der Einrichtung einer „Cour Suprême de justice" in Riom, die über die Verantwortlichen der Niederlage befinden sollte. Darüber jetzt *H. Michel,* Le Procès de Riom, Paris 1979.

[43] Text z. B. bei *Clauss,* a.a.O., S. 157 ff.

[44] Dazu *Bonnefous,* a.a.O., S. 259 ff.

diese Absicht erwähnt, war jedoch auf Ablehnung gestoßen. Er hatte vorgeschlagen, die Nationalversammlung unverzüglich einzuberufen, damit sie Pétain beauftrage, eine neue Verfassung zu entwerfen. Man hielt aber eine Zustimmung des Parlaments für unmöglich[45]. Am 2. Juli wurde das Thema erneut im „kleinen" Kabinett erörtert, in Anwesenheit engster Berater. Pétain war aufgeschlossener, Kriegsminister *Weygand* widersprach[46]. Die Ansichten gingen von einer Ausnahme-Bevollmächtigung des Regierungschefs (in klassischem Sinne) bis zur Absicht vor allem Lavals und Aliberts, unverzüglich eine neue Verfassung zu schaffen. Es stand außer Zweifel, daß dies einer Abdankung der III. Republik gleichkomme. Pétain trat für eine Verfassungsänderung ein.

a) In der Kabinettssitzung vom 4. 7., die sich mit dem Überfall von Oran befassen sollte, legte Laval den Entwurf für eine Verfassungsänderung vor[47]. Es gab Widerspruch, doch ließ Laval es nicht zur Diskussion kommen. Gleiches geschah, als er einige Senatoren traf, die er über Mers-el-Kebir unterrichten sollte. Man wird darauf hinweisen müssen, daß Laval sich im Kabinett zwar durchgesetzt hatte, aber nicht alle Kollegen für das Vorhaben waren. Einige Minister erwarteten, Laval werde im Parlament eine Niederlage erleiden (so daß man ihn loswerde), andere, wie Weygand, hielten nichts von *dieser* Prozedur, um zu einer neuen Verfassung zu kommen (eine Belastung für sie), wiewohl die Mehrheit der Minister meinte, grundsätzlich müsse nun etwas Neues stattfinden. Eben dies ließ manche Minister zweifeln, ob ausgerechnet Laval für die neue Politik der richtige Mann sei. Laval jedoch scheint von Anfang an davon überzeugt gewesen zu sein, er werde diesen Plan der Verfassungsänderung in der vorgesehenen, ganz „legalen" Weise zum Erfolg bringen können[48]. Wenn dem so war, dann hat er

[45] Vgl. *E. Beau de Loménie*, Les responsabilités des dynasties bourgeoises, t.V, Paris 1973, S. 624 ff.; *J. Montigny*, Toute la vérité sur un mois dramatique de notre histoire, Clermont-Ferrand 1940, ist ebenso mit Vorsicht auszuwerten wie *M. Martin du Gard*, La chronique de Vichy 1940 - 1944, Paris 1948, S. 47 ff. Zuverlässiger: *Cl. Gounelle*, Le dossier Laval, Paris 1969. Wie deutsche wissenschaftliche Berichterstattung damals aussehen konnte: *E. W. Eschmann*, Frankreichs inner- und außenpolitische Entwicklung vom Waffenstillstand bis zum 31. Dezember 1940, Jahrbuch für Politik und Auslandskunde, 1941, S. 132 ff.

[46] Weygand hatte dem Kabinett eine allgemeine Stellungnahme vorgelegt, abgedruckt bei *Berl*, a.a.O., S. 282 f., und *Bonnefous*, a.a.O., S. 415. Dazu *Weygand* in seinen: Mémoires — Rappelé au service, Paris 1950, S. 298 ff.

[47] Text bei *Bonnefous*, a.a.O., S. 269: „Article unique. — L'Assemblée nationale donne tous pouvoirs au Gouvernement de la République, sous la signature et l'autorité du maréchal Pétain, président du Conseil, à l'effet de promulguer par un ou plusieurs actes la nouvelle Constitution de l'Etat français.

Cette Constitution devra garantir les droits du Travail, de la Famille et de la Patrie. Elle sera ratifiée par les Assemblées qu'elle aura créées."

[48] Vgl. etwa *Beau de Loménie*, a.a.O., S. 629 f.

eben seine „Kollegen“ von früher besser gekannt als die meisten Kabinettsmitglieder.

Natürlich ist es schwer, die Beweggründe von Lavals folgenreicher Aktion zu erklären. Man darf annehmen, daß auch starke Rachegefühle im Spiel waren. Darauf lassen Äußerungen schließen, die er Jahre vorher, nach seinen Mißerfolgen, gemacht hatte[49]. Er hatte geglaubt, der Mann für Reformen zur rechten Zeit zu sein — man hatte ihn nicht gewollt; er hatte mit Mussolini gegen Hitler gehen wollen, um diesen zu isolieren und ihn so auf deutsche Innenpolitik zu begrenzen — starke Kräfte in Frankreich und die britische Politik waren dagegen, und nun standen Hitlers Armeen im Lande. Für die Wirkung von Rachegefühlen spricht viel; sie war stärker als „ideologischer“ Einfluß, und die eigentlichen Anhänger des „Vichy-Regimes“ (innenpolitisch gemeint) haben auch alles daran gesetzt, Laval zu entmachten[50].

b) Lavals Entwurf, der noch kein Dokument der Regierung war, wurde gleichwohl sofort diskutiert. Am 5. Juli verfaßten 25 Senatoren („anciens combattants“, d. h. „Frontkämpfer“) eine Vorlage, die dem Regierungschef persönlich übergeben werden sollte. Sie wollten damit Lavals Vorhaben verhindern[51]. Pétain sollten sehr wohl Vollmachten übertragen werden, jedoch im Rahmen der geltenden Verfassung. Eine Delegation dieser Senatoren kam zu Pétain (am 6. 7.); dieser stellte die baldige Einberufung des Parlaments in Aussicht und verlangte einen ausgearbeiteten Gegenentwurf. Am 7. Juli traf sich diese Gruppe, um den von *Paul-Boncour* hergestellten Entwurf zu beraten[52]. Laval wohnte der Sitzung bei und wollte die Senatoren von seinen Plänen überzeugen. Das gelang ihm nicht, und so legten sie sich auf den Gegenentwurf fest. Er wurde Pétain noch am 7. 7. übergeben[53]. Der Regierungschef billigte ihn, verwies aber darauf, daß sie noch Laval überzeugen müßten, der in dieser Sache „l'avocat du Gouvernement“ sei[54].

---

[49] In zwei Gesprächen mit B. de Jouvenel im Winter 1938, siehe *de Jouvenel*, Un voyageur, a.a.O., S. 344 ff.

[50] Über Lavals Sturz am 13. Dezember 1940 und das Weitere etwa *Jäckel*, a.a.O., 140 ff.; *Warner*, a.a.O., S. 246 ff.; *J. O. Paxton*, Vichy France. Old Guard and New Order, 1940 - 1944, London 1972, S. 92 ff. Grundlegend zur Kollaboration nunmehr *B. M. Gordon*, Collaborationism in France during the Second World War, Ithaca 1980. Eingehend dazu und zu anderen einschlägigen Büchern *Patrice Higonnet* in Times Literary Supplement vom 13. März 1981, S. 287/288. Neuestens: *M. Tournoux*, Le Royaume d'Otto: France 1939 bis 1945. Ceux qui ont choisi l'Allemagne, Paris 1982.

[51] Text bei *Bonnefous*, a.a.O., S. 270.

[52] Text bei *Bonnefous*, a.a.O., S. 271; *Berl*, a.a.O., S. 302/303; *Beau de Loménie*, a.a.O., S. 643. Inzwischen hatten 35 Senatoren den Entwurf unterzeichnet.

[53] Siehe *Beau de Loménie*, a.a.O., S. 633 ff.

[54] Vgl. *Bonnefous*, a.a.O., S. 271.

Dieser lehnte wiederum ab und drohte mit dem Rücktritt: Laval wollte eben nicht die Annahme der neuen Verfassung in einer „normalen" Lage, sondern hier und heute, während diese Senatoren jede Festlegung verhindern wollten. Man könnte auch sagen, daß sie eine kommissarische Diktatur anstrebten (in Kriegszeiten, in teilweise besetztem Land), während Laval auf eine souveräne Diktatur aus war.

Es gab auch noch andere Aktivitäten von Parlamentariern. Am 5. 7. versammelten sich die Deputierten (inoffiziell) im Großen Saal des Casinos, um die Lage zu erörtern, im Beisein Lavals. Nicht alle sprachen gegen seine Pläne, so warb u. a. ein Sozialist *(Spinasse)* um Vertrauen für Laval. Laval rechtfertigte sein Vorgehen unter sowohl außen- als auch innenpolitischen Aspekten. Danach führte er seine Bemühungen um einzelne Deputierte und Senatoren fort[55]. Allerdings stieß er dabei auf die Bemühungen eines Rivalen, nämlich *P.-E. Flandins,* einer ebenfalls prominenten Figur der III. Republik[56]. Es gehe *jetzt* nicht um eine neue Verfassung, sondern um Politik gegenüber den Deutschen. Lebrun solle abdanken, das Parlament dann Pétain zum Präsidenten wählen und ihm später die nötigen Vollmachten übertragen. Viele Parlamentarier stimmten zu. Flandin ging zu Pétain, der ebenfalls zustimmte. Lebrun aber lehnte ab und berief sich auf die Rechtslage; falls Laval im Parlament scheiterte, werde er eine neue Regierung bilden. Ein weiterer Gegenstoß ging vom rad.-soz. Deputierten *V. Badie* aus. Er gewann am 7. 7. mehr als vierzig Parlamentarier zu einer Motion, die dem Premier Pétain der Umstände wegen Ausnahmebefugnisse zusprach, hingegen die geplante Verfassungsänderung ablehnte[57]. *Jeanneney,* der Präsident des Senats, der die für den 10. Juli festgelegte Sitzung der Nationalversammlung zu leiten hatte, versprach, Badie das Wort zu erteilen[58].

c) Laval verstärkte seine Bemühungen am 8. und am 9. Juli. Im Ministerrat am 8. Juli setzte sich Laval erneut durch, allerdings hatte nur ein Minister widersprochen. Der Entwurf wurde einstimmig angenommen; doch unterzeichnete der Justizminister *Frémicourt* (vorher Präsident des Obersten Gerichtshofs, i. e. Cour de cassation) den Entwurf nicht. Nachmittags trug Laval in einer Informationssitzung der Deputierten erstmals offiziell den Entwurf vor, lehnte aber eine Diskussion ab. Laval konnte den Erfolg seiner individuellen Bemühungen sehen, denn der Widerspruch wurde übertönt. Mehr Widerspruch fand

---

55 Einzelheiten bei *Beau de Loménie,* a.a.O., S. 632 ff.

56 Siehe etwa *Bonnefous,* a.a.O., S. 276 f.; *Michel,* Vichy, a.a.O., S. 62 f.; *Berl,* a.a.O., S. 220 ff.

57 Text der Motion bei *Berl,* a.a.O., S. 296, und *Bonnefous,* a.a.O., S. 277.

58 *Bonnefous,* a.a.O., S. 278.

Laval bei den Senatoren. Gleichwohl hält Lebrun in seinen „Erinnerungen“ fest, jeder habe das Gefühl, es sei alles schon gelaufen[59].

Am 9. Juli berieten Senat und Kammer getrennt[60]. In der Kammer gab es bereits viele Befürworter. Der Präsident der Kammer, *E. Herriot*, sprach sich nicht gegen die Vorlage des Entwurfs aus[61]. Es ging darum, ob in der Nationalversammlung am folgenden Tag über eine Verfassungsänderung beraten werden sollte. Dies wurde mit 395 gegen 3 Stimmen beschlossen. Im Senat sprach sich nur 1 Stimme dagegen aus[62].

d) Am 10. Juli gab es vormittags zunächst eine Novität in der Geschichte des Parlamentarismus. Die Regierung hatte auf eine Sitzung der Nationalversammlung gedrängt[63], die dazu dienen sollte, die auf 14.00 Uhr anberaumte eigentliche Sitzung vorzubereiten. Jeanneney weigerte sich, der Sitzung einen amtlichen Anstrich zu geben, und lehnte den Vorsitz ab[64]. Sein 1. Stellvertreter, *Valadier*, übernahm den

---

[59] Ebd., S. 279.

[60] Nach Art. 8 Loi du 25 février 1875 relative à l'organisation des pouvoirs publics (eines der Verfassungsgesetze, welche die „Verfassung von 1875“ ausmachen) mußten beide Häuser getrennt beraten und mit absoluter Mehrheit beschließen (auch auf Antrag des Staatspräsidenten), daß man eine Verfassungsänderung vornehmen werde. Das verfassungsändernde Gesetz vom 14. 8. 1884 bestimmte, daß die republikanische Regierungsform nicht Gegenstand eines Antrags auf Verfassungsänderung sein könne. Auf diese Vorschrift ist zurückzukommen. (Zitiert nach der von *J. Godechot* besorgten Ausgabe: Les Constitutions de la France depuis 1789, Paris 1970, Garnier-Flammarion.)

Es sei auch auf den sachlichen Bericht eines Augenzeugen der Sitzungen vom 9. und 10. 7. hingewiesen: *A. Demaison*, La fin d'un régime, Revue des Deux Mondes, vom 1. 8. 1940, t. 58, S. 214 ff.

[61] Die Rede Herriots bei *Berl*, a.a.O., S. 303. Daraus: „Nous aurons à nous réformer, à rendre plus austère une République que nous avions faite trop facile, mais dont les principes gardent toute leur vertu. Nous avons à refaire la France. Le destin de cette oeuvre dépend de l'exemple de sagesse que nous allons donner.“ Das war wohl kein direkter Aufruf, den Entwurf der Regierung anzunehmen, aber man konnte es so verstehen; freilich außerhalb der konkreten Umstände auch anders. Herriot ließ eben alle Möglichkeiten offen.

[62] Rückblickend lag es nahe, bereits hier gegen die Vorlage der Regierung im Hinblick auf die geltende Fassung des Art. 8 Bedenken zu äußern. Doch ist, wie noch näher zu erörtern sein wird, die Wendung „forme républicaine du Gouvernement“ sehr undeutlich. Man hatte zwar 1884 erkannt, daß man der Verfassungsänderung Grenzen setzen müsse, doch war das insoweit „Situationsjurisprudenz“, als sich diese Absicht konkret gegen die Restauration der *Monarchie* richtete.

[63] Zu diesem merkwürdigen Vorgang etwa *Berl*, a.a.O., S. 204 ff.

[64] Siehe *Bonnefous*, a.a.O., S. 279 f. Große Auszüge des Protokolls bei *Berl*, a.a.O., S. 304 ff. Wichtig sind vor allem die Reden Flandins und Lavals. Von Flandin sagt der frühere hohe Beamte und spätere Vichy-Minister Peyrouton, er als einziger habe zu Ehren der III. Republik geredet. (*M. Peyrouton*, Du service public à la prison commune — Souvenirs, Paris 1950, S. 100.)

Vorsitz; er erklärte jedoch, dies in seiner Eigenschaft als normales Senatsmitglied zu tun. Zunächst erläuterte *Taurines* den Standpunkt der Gruppe der „sénateurs anciens combattants". Laval versicherte, das Parlament werde bestehen bleiben, bis andere „assemblées" geschaffen sein würden.

Wohl nicht willkommen war Laval die Absicht von *G. Bergery*, eine ausführliche Erklärung (motion) von 69 Parlamentariern zu verlesen, die seit einigen Tagen kursierte[65]. Sie enthielt schwere Vorwürfe an die alten Parteien und Regierungen, rief zur raschen „collaboration" mit dem Sieger auf und verlangte eine neue Ordnung, „autoritaire, national et social". Hier war ein Programm von „Vichy" vorweggenommen, wurde wohl mehr gesagt, als es den Erwartungen Lavals und der Deutschen entsprach[66]. Vielleicht deshalb erreichte Laval, daß die Motion nur als Anlage zum Sitzungsprotokoll gelten sollte. Pétain wohnte weder dieser Sitzung der Nationalversammlung bei noch jener, die um 14 Uhr im Casino de Vichy beginnen sollte[67].

4. Der Nationalversammlung lag für die Sitzung am Nachmittag der Entwurf der Regierung vom 8. Juli vor[68]. Laval vertrat die Vorlage. Zunächst gab es wichtige Verfahrensfragen: Herriot teilte den telegraphischen Protest jener Parlamentarier mit, die auf dem Dampfer „Massilia" von Bordeaux nach Nordafrika gefahren waren und nicht nach Vichy kommen konnten[69]. Laval erklärte, die Waffenstillstandskommission in Wiesbaden habe auf die Bitte um Transport dieser Politiker nicht reagiert. Anschließend bestimmte man das Verfahren für die Beratung, wie es die letzte Nationalversammlung festgelegt hatte. Der frühere Präsident der Kammer, *Bouisson*, erreichte jedoch die Übernahme der Geschäftsordnung der *Kammer*, wonach auf Verlangen der Regierung ihren Vorlagen bei Abstimmungen der Vorrang zu geben sei. Damit wurde aus einem Not-Mittel, das bei entscheidungsschwachen Parlamenten eine Blockierung der Regierungsvorlagen durch Gegenanträge verhindern sollte, das Instrument der endgültigen

---

[65] Text bei *Berl*, a.a.O., S. 283 ff. Bergery war eine der schillernden Figuren der III. Republik. 1924 war er Kabinettschef des Premiers Herriot, später Deputierter, von April - Juli 1941 Botschafter in Moskau, von 1942 - 1944 in Ankara.

[66] *Bonnefous*, a.a.O., S. 281.

[67] Lémery, später Sozialminister unter Pétain, berichtet, dieser habe ihm erklärt, *er* habe nichts gefordert, es sei alles die Absicht Lavals gewesen. Er habe es abgelehnt, sich mit einer Botschaft an die Nationalversammlung zu wenden, und Laval lediglich mitgeteilt, daß er dessen Vorhaben nicht mißbillige. (*H. Lémery*, D'une République à l'autre, Paris 1964, S. 245.)

[68] Abdruck des Sitzungsprotokolls bei *Berl*, a.a.O., S. 343 ff.

[69] Zu dieser Angelegenheit etwa *Berl*, a.a.O., S. 149 ff.

Abdankung der Republik, weil damit der Gegenentwurf der 35 Senatoren praktisch erledigt war[70].

Noch bedeutsamer war die Frage, mit welcher Mehrheit abzustimmen sei. Gemäß der Verfassung sollte die „majorité absolue des membres composant l'Assemblée nationale" entscheiden[71]. Jeanneney stellte fest, daß man darunter bei den Verfassungsänderungen von 1879, 1884 und 1926 die gesetzliche Mitgliederzahl verstanden habe. Das würde ausmachen: Kammer 618, Senat 314, insgesamt 932. Die Mehrheit: 467. Dagegen erhoben sich Proteste. Vor allem wollte man die Zahl der kommunistischen Parlamentarier abziehen, denen man die Mandate aberkannt hatte. Senator *E. Mireaux* wies darauf hin, daß man bei der Auslegung des Art. 8 bedenken müsse, in welchen außergewöhnlichen Umständen die Nationalversammlung jetzt zu beschließen habe. Abgesehen davon, daß der Mandatsverlust durch *Gesetz* eingetreten sei, fehlten die Abgeordneten auf der „Massilia" und diejenigen in Kriegsgefangenschaft. Solche Abwesenheiten könne man nicht mit der Abwesenheit bei Beschlüssen unter normalen Situationen vergleichen. Laval unterstützte diese Auslegung. Ohnehin gehe es nicht um die Feststellung der Beschlußfähigkeit, sondern um die der Mehrheit. Jeanneney legte Mireaux' Forderung so aus, man solle Art. 8 dahin ändern, daß es sich um die Mehrheit der Mitglieder „actuellement en exercice" handele. Daher gehe es um 546 Deputierte und 304 Senatoren im Amt, also um 850 Mitglieder (Mehrheit: 426).

Laval und Mireaux stellten klar, daß sie aus dem erwähnten Grunde nur die Mehrheit der *anwesenden* Mitglieder für zulässig hielten. Senator *Boivin-Champeaux* aber stellte den Antrag, Art. 8 so auszulegen, daß nur die *abgegebenen* Stimmen zu zählen seien. Dieser Antrag wurde angenommen. Dann trug Laval die Regierungsvorlage vor. Er wies darauf hin, daß der Entwurf im letzten Satz von der gedruckten Vorlage abweiche: „... par les Assemblées qu'elle aura créées". Zahlreiche Stimmen forderten die sofortige Abstimmung. Man bildete einen Sonderausschuß, der die Mitglieder der je in der Kammer und im Senat zuständigen Ausschüsse umfaßte. Der Gegenentwurf der sénateurs anciens combattants sollte vor diesem Ausschuß erörtert werden. Die Sitzung wurde von 14.50 bis 17.15 Uhr unterbrochen.

Boivin-Champeaux trug den Vorschlag des Ausschusses vor: Annahme des Regierungsentwurfs[72]. Er führte aus, Laval habe versprochen, man

[70] Dazu *Bonnefous*, a.a.O., S. 282.

[71] Art. 8 des Gesetzes vom 25. Februar 1875. Eine gründliche ältere Erörterung des Problems bei *G. Arnoult*, De la Révision des Constitutions, Paris 1895, S. 243 ff.

[72] Die Schrift von *J. Boivin-Champeaux*, La loi du 10 juillet 1940, Paris 1944, war mir leider nicht zugänglich.

werde umgehend beschließen, daß die beiden Häuser bis zum „fonctionnement des institutions nouvelles" bestehen blieben. Damit bleibe das Parlament auch für die neue Regierung „à la fois une force et un soutien". Sein letzter Satz: „Le parlamentarisme tel que nous l'avons connu va peut-être mourir; les parlementaires demeurent au service de la nation." Die Mehrheit lehnte eine Fortsetzung der allgemeinen Aussprache ab. Eine Erklärung zur Stimmabgabe wurde von der Nationalversammlung ebenfalls abgelehnt. Dann wurde abgestimmt und die Sitzung zum Zweck der Auszählung von 17.45 bis 18.55 Uhr unterbrochen. Das Ergebnis: Abgegeben wurden 649 Stimmen, die absolute Mehrheit davon 325, für: 569, gegen: 80[73]. Die 20 Stimmenthaltungen wurden nicht gezählt (dabei waren u. a. Herriot und Queuille). Nach der Feststellung der Annahme ergriff Laval das Wort, um im Namen des Marschalls für Frankreich zu danken (heftiger Beifall). Das Protokoll vermerkt den Ruf von *Marcel Astier:* Vive la République, quand même. Dann zahlreiche Stimmen: Vive la France! Um 19.00 Uhr ist die Sitzung beendet. Im Journal Officiel vom 11. Juli wird das Gesetz von Lebrun ordnungsgemäß verkündet, mit Pétains Gegenzeichnung[74]. Es folgt die Verkündung des Beschlusses, mit dem Lebrun am 10. Juli die außerordentliche Sitzung des Senats und der Abgeordnetenkammer geschlossen hatte[75].

---

[73] Zu diesen „80" gehörten u. a. Astier, Auriol, Badie, Blum, de Chambrun, Gouin, Moch, Odin, Paul-Boncour, Philipp und Ramadier. Ein Bericht bei *J. Odin*, Les Quatre-Vingts, Paris 1946 (Odin war Senator).

[74] Journal Officiel vom 11. 7. 1940, S. 4513.

[75] Die weitere Entwicklung interessiert hier nicht. Den Parlamentariern wurden die Diäten bis zum 12. 8. 1941 ausbezahlt. Das Gesetz vom 10. 7. 40 und die Actes constitutionnelles des Vichy-Regimes in: Von der Dritten zur Vierten Republik, Bern 1950, auch als Anhang zum Sammelband: Le Gouvernement de Vichy 1940 - 1942, Paris 1972. Allgemeine Darstellungen außer den bereits zitierten etwa: *H. Amouroux*, Quarante millions de pétainistes — juin 1940 - juin 1941, Paris 1977 (mit weiteren Bänden); *M. Dank*, The French against the French: Collaboration and Resistance, Philadelphia 1974; *R. Tournoux*, Pétain et la France — La Seconde Guerre mondiale, Paris 1980; *P. Ory*, Les Collaborateurs 1940 - 1945, Paris 1976. Nützlich auch: Le Dossier de Vichy, pr.p. J. de Launay, Paris 1967; Abdruck vieler Rechtsvorschriften seit dem 10. 7. 40 bei *P. Marc-Vincent*, La France nouvelle, t.1, Paris 1940. Auf Anregung von Flandin rief Pétain am 24. 1. 41 durch Gesetz den Conseil national (192 Mitglieder) ins Leben. Barthélemy wurde beauftragt, die neue Verfassung zu entwerfen. Eine Kommission des Conseil national beriet ebenfalls darüber. Wichtige Materialien in Le Dossier de Vichy, a.a.O.; Text des Verfassungsentwurfs bei *Godechot*, a.a.O., S. 343 ff. Das Gesetz über den Conseil national in: Le Gouvernement de Vichy 1940 - 1942, a.a.O., S. 319 ff. Zum Verfassungsentwurf etwa *Petot*, a.a.O., S. 566 ff. Bericht eines Zeugen: *X. Vallat*, Le nez de Cléopâtre. Souvenirs d'un homme de droite, 1918 - 1945, Paris 1957, S. 277 ff.

III.

Die Rechtslage nach dem 10. Juli 1940 einerseits und das Entstehen der Bewegung France libre um de Gaulle andererseits haben nach der Libération viele Probleme aufgeworfen[76]. Ging es früher um die rechtliche Erörterung der Vorgänge seit dem 10. 7. 1940, so kam es nach der Libération darauf an, wie man nunmehr rechtsverbindlich zum „Vichy-System" Stellung nehmen werde. Wir wollen diese Frage zuerst behandeln, weil der andere Problemkreis ständig aufgegebenes Thema der Wissenschaft ist.

1. Hier ist zunächst wichtig eine Maßnahme des Gouvernement provisoire de la République, nämlich die ordonnance vom 8. August 1944, relative au rétablissement de la légalité républicaine sur le territoire continental[77]. Diese ordonnance sollte Gesetzeskraft haben (Art. 11). In Art. 1 wird gesagt, daß die Republik „en droit ... n'a pas cessé d'exister". In Art. 2 wurde bestimmt, daß nichtig und ohne jede Rechtswirkung sein sollen „tous les actes législatifs ou réglementaires, ainsi que les arrêtés pris pour leur exécution", die seit dem *16. Juni 1940* verkündet wurden. Diese Nichtigkeit aber muß ausdrücklich festgestellt werden[78]. Art. 3 stellt als nichtig fest vor allem das Gesetz vom 10. 7. 1940, alle „actes constitutionels", alle Entscheidungen von Ausnahmegerichten, alle Akte bezüglich der Zwangsarbeit für den Feind, diejenigen bezüglich der associations dites secrètes und der Qualifikation der Juden (sowie verkündungstechnische Details). Es wird weiterhin die Geltung von Vorschriften des Vichy-Regimes geregelt, die im Anhang zur ordonnance aufgeführt sind. Nach Art. 7 bleiben die „actes de l'autorité de fait, se disant ‚Gouvernement de l'Etat français'", deren Nichtigkeit nicht festgestellt ist, vorläufig in Kraft. Die Feststellung der Nichtigkeit durch weitere ordonnances soll unverzüglich erfolgen. In Art. 9 wird bestimmt, daß die *Verwaltungs*akte seit dem 16. Juni 1940 rückwirkend vorläufig gültig sind.

Hier ist das Datum des 16. 6. auffallend, des Tages, an dem das Kabinett Reynaud zurücktrat (mit ihm fiel de Gaulle) und Pétain die Regierung bildete, die auf den Waffenstillstand aus war[79]. *Burdeau* hob 1946

[76] Zur Entwicklung der „continuité républicaine": *G. Burdeau*, Cours de Droit Constitutionnel, 4. Aufl., Paris 1946, S. 207 ff.; *J. Laferrière*, Manuel de Droit constitutionnel, 2. Aufl., Paris 1947, S. 861 ff.

[77] Abdruck des Textes nebst Begründung und einer kurzen Anmerkung von *G. Berlia* in Revue du Droit Public 60 (1944), S. 315 ff.

[78] Vgl. damit Art. 123 Abs. 1 GG. Der deutsche Verfassungsgeber konnte gegenüber dem NS-Regime unbefangener entscheiden und dadurch Schwierigkeiten vermeiden, in die die ordonnance vom 8. 8. 44 unvermeidlich geraten mußte. Allerdings hat das GG eine Verfassungsgerichtsbarkeit eingeführt, was man beim Vergleich nicht übersehen darf.

hervor, daß damit nicht das legale *Ende* eines Regimes das Datum bestimme (10. Juli), sondern der *Beginn einer Revolution*, weil de Gaulle und seine Gefolgsleute glaubten, gegen die Bereitschaft zum Waffenstillstand gebe es das Recht zur Revolution[80]. Das ist ein juristisch kühner und politisch sehr riskanter Standpunkt (Deutsche denken an „Novemberverbrecher"), aber 1944 wurde er in Frankreich geltendes Recht. Für die Annahme, am 16. Juni 1940 habe für die ord. v. 8. 8. 44 eine Revolution begonnen, spricht auch der Umstand, daß eine Nichtigerklärung der erwähnten Akte von 1940 ff. es nahegelegt hätte, durch die provisorische Regierung 1944 Senat und Kammer bzw. die Nationalversammlung auf dem status quo ante einzuberufen[81]. Das ist nicht geschehen. So spricht alles dafür, daß Burdeaus Auslegung den Absichten de Gaulles entsprach. Für ihn und damit für die ord. v. 8. 8. 44 ist der *16. Juni* entscheidend. Alles weitere ist Folge davon, kann keinen *eigenen* Grund der Legalität oder Illegalität mehr haben: Ein Strich schon des provisorischen Gesetzgebers und alle Diskussionen über das Gesetz vom 10. Juli 1940 sind Makulatur.

In der Tat ist eine rechtliche Erörterung des Ermächtigungsgesetzes von 1940 nur dann noch sinnvoll, wenn man annimmt, daß die ord. v. 8. 8. 44 ihrerseits gegen höheres Recht insoweit verstößt, als die Nichtigerklärung sich auf den 16. Juni statt auf den 10. Juli bezieht. Daß die Grundannahme der ord. v. 8. 8. 44 so wenig diskutiert wurde, obwohl sie rechtlich alles andere als zweifelsfrei war, läßt sich nur damit erklären, daß sie „integrierend" wirkte: Man konnte den 10. Juli 1940 und das Folgende vergessen, die innenpolitischen Aspekte traten zurück zugunsten der militärisch-außenpolitischen, die sich auf „Nazi-Deutschland" bezogen. Alles dies konnte die Franzosen einigen, wem konnte denn auch schon vorgeworfen werden, er hätte nach dem 16. Juni 1940 weiterkämpfen können?

2. Die Erörterung jener Fragen, die sich aus dem Gesetz vom 10. Juli 1940 ergeben, dürfte heute unbefangener ablaufen.

---

79 Zum Folgenden vor allem *G. Vedel*, Manuel élémentaire de droit constitutionnel, Paris 1949, S. 273 ff.

80 *Burdeau*, a.a.O., S. 220, im Text *kursiv*.

81 Das hätte nahegelegen, wäre jedoch nicht zwingend gewesen. Für de Gaulle kam das grundsätzlich nicht in Frage. Er übernahm am 16. Juni 1940 die Macht bis zur Herstellung einer *neuen* normalen Lage. Das hätte eine *kommissarische* Diktatur sein müssen. Tatsächlich aber beschloß das Gouvernement provisoire de la République Maßnahmen (z. B. allgemeine Verstaatlichungen), die man nicht mehr damit decken kann. Dazu schon früh *M. Duverger*, Contribution à l'étude de la légimité des gouvernements de fait (à propos du Gouvernement provisoire de la République), Revue du Droit Public 61 (1945), S. 73 ff. Allgemein zu de Gaulles verfassungspolitischen Vorstellungen: *J.-L. Debré*, Les idées constitutionnelles du Général de Gaulle, Paris 1974.

a) Das französische rechtswissenschaftliche Schrifttum schon *vor* der Libération machte es sich mit der Würdigung dieses Gesetzes durchweg nicht leicht. Neben soliden Äußerungen, die sich auf dem Boden des „Neuen" bewegten, gab es kritische, bis hin zu solchen, die von der Zensur zurückgehalten wurden[82]. Das ist auch auf deutscher Seite gesehen worden[83].

b) Die Meinung, die Politiker der III. Republik hätten so sehr das Bestehende heruntergewirtschaftet, daß Neues vonnöten sei, war damals weit verbreitet. Wenn die Zeugnisse nicht trügen, ist die gegenteilige Auffassung von den Tatsachen weit entfernt[84]. (Auch im Ausland wurde damals die Rechtmäßigkeit des neuen Regimes kaum bestritten.) Darüber aber, *wie* das Neue aussehen solle, bestanden sehr unterschiedliche Vorstellungen[85].

Die Äußerung Burdeaus aus dem Jahre 1946, das Regime von Vichy sei zwar legal, aber nicht legitim gewesen, weil die Franzosen jenem demokratischen Ideal treu geblieben seien, das vom neuen Regime verworfen worden war, läßt sich wohl nur mit dem Zeitpunkt dieser Meinungsäußerung erklären. Das gilt auch für Burdeaus These, die Besetzung des Landes habe die volonté nationale daran gehindert, sich auszudrücken[86]. Es kann an dieser Stelle die Frage offen bleiben, ob die spätere Entwicklung des Regimes belangvolle Konsequenzen für die Beurteilung der Rechtslage gehabt haben konnte (Näheres später). Hier geht es um die Frage, wie das Gesetz vom 10. Juli 1940 verfassungsrechtlich zu würdigen ist.

3. Das gilt zunächst für die *förmliche Seite* des in Vichy gewählten Verfahrens.

---

[82] So die juristische Dissertation Toulouse 1941 von *P. Souques*, L'acte constitutionnel no 3 du 11 juillet 1940. (Es ging um das Fortbestehen des Parlaments.)

[83] Vgl. *W. Schätzel*, Französisches Schrifttum zum Etat Français, Zeitschrift für öffentliches Recht 22 (1942), S. 383 ff.

[84] Siehe nur *Peyrefitte*, a.a.O., S. 373, und *de Jouvenel*, a.a.O., S. 465, ferner Äußerungen wie die von *D. Halévy*, Trois épreuves: 1814/1871/1940, Paris 1940, und (aus dem Nachlaß des ermordeten) *M. Bloch*, L'étrange défaite. Témoignage écrit en 1940, nouvelle édition, Paris 1957. In der angesehenen Revue des Deux Mondes schrieb *A. Chaumeix*, ihr Chefredakteur und Mitglied der Académie Française, Frankreich habe das Regime ohne Bedauern fallen lassen, „avec une indifférence absolue, avec satisfaction même." (t.58, Heft vom 15. Juli 1940, S. 134.)

[85] Vgl. nur die Erinnerungen des hohen Gewerkschafters, der von 1940 - 42 Minister war: *R. Belin*, Du Secrétariat de la C. G. T. au Gouvernement de Vichy, Paris 1978.

[86] *Burdeau*, a.a.O., S. 219. Dagegen lese man „Examen de Conscience" des namhaften *R. d'Harcourt*, Revue des Deux Mondes, t.58, vom 1. August 1940, S. 137 ff. Es ist ein wichtiges Dokument.

a) Die Vorschriften über die Einberufung der Nationalversammlung sind offenbar eingehalten worden, jedenfalls insoweit, als das unter den gegebenen Umständen möglich war.

b) Problematisch hingegen ist die Art und Weise der Abstimmung. Allerdings entfällt diese Problematik, wenn man davon ausgeht, daß die Zahl von 569 Ja-Stimmen weit über der absoluten Mehrheit der gesetzlichen Mitgliederzahl der Nationalversammlung (im strengen Sinne) lag: 467 Stimmen, und daß vom Ergebnis der Abstimmung her betrachtet Fehler in der Berechnung geheilt sind. Folgt man dem nicht, so dürfte die damals festgelegte Zahl der Stimmen (ohne die Enthaltungen) problematisch sein. Falls man sich überhaupt auf die außergewöhnlichen Umstände berufen durfte, so konnte damit das gewählte Vorgehen nicht gedeckt werden[87].

Da die Verfassung *gesetzliche* Mitgliederzahl der Nationalversammlung vorsieht, konnte es nur darum gehen, ob die *Mandatsverluste* davon abzuziehen seien. Das Gesetz vom 21. 1. 1940 war nicht ohne rechtliche Bedenken. Die Verfassung sah den Mandatsverlust dieser Art nicht vor, schloß ihn aber auch nicht aus. Die Zulässigkeit eines *Partei*verbotes (décret-loi vom 26. 9. 1939) mußte nicht zwangsläufig zur Rechtmäßigkeit des *Mandats*verlustes führen. Hält man auch dieses für rechtlich möglich, dann wird man die Zahl der so verlorenen Mandate von der gesetzlichen Mitgliederzahl abziehen müssen, weil sonst der Mandatsverlust die Mehrheitsbildung erschwert[88].

Noch schwieriger ist die Frage, ob jene Stimmen abzuziehen sind, die am 10. Juli 1940 aus objektiven Gründen nicht abgegeben werden konnten. Nun gilt dies nicht in normalen Fällen. Hier aber wurden einzelne Parlamentarier nicht erreicht, waren andere in Gefangenschaft usw. Schon deshalb war nicht festzustellen, ob die Fehlenden absichtlich fern blieben oder nicht. Die Begrenzung nur auf die Anwesenden war daher nicht unbedenklich. Daß die Verfassungen von 1946 (Art. 94) und 1958 (Art. 89) Verfassungsänderungen verbieten, wenn das Land teilweise

---

[87] Vgl. etwa *Burdeau*, a.a.O., S. 202 f.; *Vedel*, a.a.O., S. 276. Bisweilen wird auch mit der Drohung eines Militärputsches durch Laval argumentiert. Zu solchen Argumenten für den deutschen Fall *Schneider*, a.a.O., S. 219.

Kirchheimer meint, das Verhältnis von Freiwilligkeit und Zwang sei 1940 kaum viel ungünstiger gewesen als 1958 bei der Überleitung von der IV. auf die V. Republik (sozusagen als späte Rache Pétains an de Gaulle, R. S.), vgl. *O. Kirchheimer*, Politische Justiz, Neuwied 1965, S. 464.

Im Juni 1958 haben sich Pétainisten über die Parallele mokiert, vgl. *P. Novick*, The Resistance versus Vichy. The Purge of Collaborators in Liberated France, London 1968, S. 194 Anm. 17.

[88] *Burdeau*, a.a.O., S. 202, erwähnt auch die durch Tod oder Niederlegung freigewordenen Mandate. Das ist fragwürdiger, weil solche Lagen „normal" eintreten können.

oder ganz besetzt ist, steht auf einem anderen Blatt, nämlich dem, auf dem man die Lehren von 1940 ziehen wollte. Wie dem auch sei: Wenn man angesichts des Abstimmungsergebnisses Verfahrensfehler nicht durchschlagen läßt, war das Verfahren am 10. Juli rechtmäßig.

4. Deshalb ist nun die Frage nach der *inhaltlichen* Rechtmäßigkeit des Gesetzes vom 10. 7. 1940 zu stellen. Diese Frage ist die am meisten erörterte[89]. Es ist die große Frage, wie der Beschluß vom 10. 7. zu werten ist: Übertragung der verfassungsgebenden Gewalt auf die Regierung oder was sonst? Vorab soll betont werden, daß die Ermächtigung gewisse Grenzen enthielt, weil die neue Verfassung die „droits du Travail, de la Famille et de la Patrie" zu gewährleisten hatte und auch die Schaffung von „Assemblées" festlegte, was immer man unter diesen Bezeichnungen verstehen mochte.

a) Die Ansicht, es habe sich um die Übertragung der verfassunggebenden Gewalt gehandelt, hat einige Anhänger gefunden. Danach konnte die Nationalversammlung aber die ihr von der Verfassung übertragene Kompetenz zur Verfassungsänderung *nicht* weiter übertragen[90]. Um eine Ermächtigung zur Verfassungsänderung habe es sich gehandelt, nicht zur Schaffung einer gänzlich neuen Verfassung. Das Gesetz habe nämlich Art. 8 beachtet, wonach die Form der Republik berücksichtigt werden müsse, und das sei für die Ermächtigung anzuerkennen. Der Streit, der sich um diese Frage entzündete, war unvermeidbar, wenn als Schranke der Verfassungsänderung nur die *Form* der Republik gilt[91], nicht aber weitere Teile der Verfassung wie z. B. in Art. 79 Abs. 3 GG. Geht man dann „positivistisch" vor und wird *M. Haurious* Theorie vom „bloc des idées incontestables" nicht herrschende Meinung, so ist diese Würdigung der Ermächtigung nicht zu beanstanden[92]. Die Frage ist nur, ob eine solche Übertragung überhaupt zulässig war. *R. Bonnard* und *Burdeau* bejahen dies mit dem Hinweis, die Nationalversammlung habe die Regelung der Verfassungsänderung eben durch

---

[89] Bereits hier soll die gründlichste Erörterung angeführt werden: *G. Liet-Veaux*, Essai d'une Théorie Juridique de Révolutions — La Continuité du Droit interne, Paris 1943. Pétain sah es simpler: „Le peuple français par ses représentants, réunis en Assemblée nationale ... m'a confié le pouvoir." (*Pétain*, Quatre années au pouvoir, Paris 1949, S. 18.)

[90] So *Laferrière*, a.a.O., S. 833 ff.

[91] So wohl zu Recht *Vedel*, a.a.O., S. 278. Mehr gibt der Text von 1875 nicht her.

[92] Vgl. *M. Hauriou*, Précis de Droit constitutionnel, Paris 1923, S. 296 ff., und dazu *C. Schmitt*, Legalität und Legitimität (1932), in: *ders.*, Verfassungsrechtliche Aufsätze, Berlin 1958, S. 311. Über diesen Zusammenhang meine Bemerkungen in: L'influence du Doyen Maurice Hauriou dans les pays germaniques, in: La Pensée du Doyen Maurice Hauriou et son Influence (Journées Hauriou, Toulouse, Mars 1968), Paris 1969, S. 262 ff.

eine solche zugunsten der Regierung geändert, also eine Verfassungsänderung beschlossen, wonach für Verfassungsänderungen nunmehr die Regierung zuständig sei[93]. Doch wird man einwenden können, diese Befugnis habe der Nationalversammlung nicht zugestanden, weil man zwischen Verfassungsgebung und Verfassungsänderung unterscheiden müsse und die Änderung der Verfassungsänderung nicht in den Bereich der nur ändernden Gewalt falle[94].

An dieser Diskussion wird erneut deutlich, wie wichtig es ist, bei unklarem Verfassungstext die Prämissen der Erörterung offenzulegen: Wer deutlich zwischen Verfassungsgebung und Verfassungsänderung unterscheidet, zieht der Änderung engere Grenzen. Wer annimmt, eine Verfassung habe einen durch Auslegung zu ermittelnden Kern, der durch Änderungen nicht berührt werden darf, zieht ebenfalls engere Grenzen. Die „rein positivistische" oder jene Betrachtung, die auch insoweit zum Parlamentsabsolutismus neigte (immerhin nur absolute Mehrheit, keine höher qualifizierte), muß bei der Wertung des Gesetzes vom 10. 7. 1940 großzügig verfahren.

Wer hier strenger dachte, konnte noch den Ausweg suchen, in der „Ermächtigung" eine „déconstitutionnalisation" zu sehen[95]. Er bot sich an — einen bereits bestehenden Ausweg verlängernd, nämlich eine bestimmte Lehre der Anerkennung der décret-lois[96]: Die Nationalversammlung habe mittelst ihrer Befugnis zu Verfassungsänderungen bestimmte Materien tiefer gestuft; es sei also nicht um eine unzulässige Übertragung der verfassungsändernden Gewalt von der Nationalversammlung auf die Regierung gegangen. *Berlia* bemerkt, daß dieser Unterschied der Meinungen bedeutsam sei, weil es für den Fall, daß der Marschall die ihm übertragene Befugnis nicht ausüben könne, zu unterschiedlichen Folgen komme: In dem einen Fall gehe die Befugnis von Pétain an die Nationalversammlung zurück, im anderen nicht[97].

b) Man konnte auch den Weg gehen, alle Versuche, eine „glatte" Kontinuität darzutun, abzulehnen, um von einer „révolution constitutionnelle" zu reden: Nach dem Verfassungsrecht der III. Republik sei das Gesetz vom 10. 7. 1940 rechtswidrig gewesen; doch habe die „révolution constitutionnelle" die Rechtmäßigkeit dieses Aktes und alles

[93] *R. Bonnard,* Les actes constitutionnels de 1940, Revue du Droit Public 58 (1942), S. 46 ff., 149 ff. und 325 ff. (auch selbständig Paris 1942); *Burdeau,* a.a.O., S. 204; *Vedel,* a.a.O., S. 277. Vedel bemerkt sogar, die Praxis der décrets-lois sei rechtlich dubioser gewesen.

[94] So *Liet-Veaux,* a.a.O., S. 102 ff.

[95] Vgl. etwa *Liet-Veaux,* a.a.O., S. 188 ff., und *Berlia,* a.a.O., S. 48 ff.

[96] Vgl. *Ballreich,* a.a.O., S. 337 ff.

[97] *Berlia,* a.a.O., S. 47.

weiteren hergestellt[98]. Eine solche Argumentation hat den Nachteil, daß diese Rechtsgeltung vom *Erfolg* einer solchen Revolution abhängt. Die ord. v. 8. 8. 44 legte rückwirkend die erfolgreichere Revolution verbindlich fest, nämlich die vom 16. Juni 40, die jene vom 10. Juli 40 als solche überhaupt nicht zur Kenntnis nimmt. *Vedel* will diese Sackgassen vermeiden und darlegen, das legal instaurierte Regime von Vichy sei *nach* dem 10. Juli auf den Weg des Unrechts geraten. Er bezieht sich vor allem darauf, daß später kein acte constitutionnel gemäß dem Verfahren des Gesetzes vom 10. 7. erlassen worden sei. (Stets *ohne* ratification durch die Nation[99].)

In diesem Zusammenhang wird deutlich, wie unklar das Gesetz war. Ließ der Text des deutschen Ermächtigungsgesetzes insoweit kaum Zweifel (Verfassungsänderungen als kommissarische Diktatur — ein Vorwand), so war das in Vichy anders. Anders insofern, als man sagen konnte, jene nicht als dauerhaft angesehenen Änderungen der Verfassung von 1875 bedürften *nicht* der Annahme durch die Nation. Doch wären dadurch allenfalls einige der actes constitutionnels gedeckt worden[100]. Es überwog die Absicht, nicht nur vorübergehende Verfassungslösungen anzustreben. Vedel sagt zu Recht, es sei schwer, den Zeitpunkt zu bestimmen, von dem an die Vichy-Regierung zum Usurpator geworden sei[101]. Man wird zusätzlich bemerken dürfen, daß erst nach dem 10. Juli 1940 das Wort von der Révolution aufkam („Révolution nationale")[102]. Damit ist allerdings noch nicht gesagt, daß mit dem Übergang der anfangs rechtmäßigen Vichy-Regierung zum „usurpatorischen Regime" die von diesem gesetzten rechtsnormativen Akte deswegen nichtig wurden. Hier kann es andere Gründe für die Rechtsgeltung geben.

Doch wird man bemerken dürfen, daß es sich um eine „Usurpation" handelt, die auf einer *undeutlichen* Ermächtigung beruhte. Wenn man sozusagen fahrlässigerweise (man hätte es erkennen können) oder gar

---

[98] *Liet-Veaux*, a.a.O., S. 395 ff., geht diesen Weg. Sowohl Bonnard als auch Liet-Veaux berufen sich auf *C. Schmitts* Ausführungen in „Legalität und Legitimität", wovon seit 1936 eine französische (Teil-)Übersetzung vorlag (Légalité, légimité, Paris).

[99] *Vedel*, a.a.O., S. 277 ff.

[100] Immerhin hatte es im acte constitutionnel no 3 vom 11. 7. 1940 geheißen, daß Senat und Kammer bis zur Bildung der künftigen Häuser bestehen bleiben und bis zu neuer Einberufung durch den Staatschef vertagt werden. Über die Verletzung solcher Schranken im deutschen Fall vgl. *Schneider*, a.a.O., S. 209 ff.

[101] *Vedel*, a.a.O., S. 281.

[102] *A. Fabre-Luce*, Journal de la France I, Paris 1941, meint S. 403, Frankreich „vient de faire une révolution sans révolutionnaires". Das ist geistreich, aber auch ungenau. *A. de Monzie*, Minister in der III. Republik, spricht von révolution nationale, sagt aber auch: „La France n'est plus une république, mais une régence." (Ci-devant, Paris 1941, S. 263.)

mit dolus eventualis so weit eine solche Regierung (mit Laval als Vizepremier und Alibert bei Pétain) ermächtigt, ist es dann, objektiv betrachtet, eine Usurpation? Über das, was da in realem Sinne *möglich* war, hatten offenbar nicht wenige Zeitgenossen ziemlich klare Vorstellungen[103].

Es ist, auch wegen des derzeitigen Standes der staatstheoretischen Diskussion, schwerlich möglich, klar Stellung zu beziehen. Darauf kann es einem ausländischen Betrachter ohnehin nicht ankommen. Es hat jedoch den Anschein, als könnte Vedels Würdigung der damaligen Lage am ehesten überzeugen. Wenn nicht alle Zeichen trügen, entspricht sie auch der Entwicklung in den Einstellungen der meisten Franzosen zum Vichy-Regime.

IV.

Die Darstellung dürfte gezeigt haben, wieviele Unterschiede es zwischen den Vorgängen in Deutschland und in Frankreich gab. Auf diese Unterschiede kann hier nicht eingegangen werden, doch sind sie eingehender Untersuchung und Erörterung gewiß wert. Abschließend soll vielmehr eine Gemeinsamkeit erwähnt werden, die von allgemeiner Bedeutung ist:

1. Geht man davon aus, daß in beiden Fällen die betreffenden Verfassungen, wie sie von der herrschenden Meinung damals verstanden wurden, solche Ermächtigungen zuließen, dann hätte es sich sowohl bei der Verfassung der III. Rpublik als auch bei jener von Weimar um Verfassungen gehandelt, die trotz einiger Vorbehalte ihre „Revolution" selbst vorsahen. Es wäre dies ein sozusagen fast unbeschränkter Systemwandel; Begrenzungen von Änderungen sind eher verbaler Natur. Deshalb läßt sich später kaum beurteilen, ob zu dem eingetretenen Systemwandel ermächtigt worden war[104].

In einem solchen Falle kann man die juristischen Lehren von der Bedeutung der Revolution kaum anwenden. Diese gehen, soweit er-

---

[103] z. B. *Aron*, a.a.O., S. 36 ff. („intellectuels réactionnaires", womit 1940 nicht etwa Déat, Doriot etc. gemeint waren); *A. Fabre-Luce*, Journal de la France II, Brüssel 1942, S. 16. E. Berl, der die Ansprachen Pétains vom 20. und 23. Juni entworfen hatte, zog sich in Vichy *sofort* zurück; er sei gegen die Révolution nationale gewesen (also vor dem 10. 7.), vgl. *E. Berl*, Interrogatoire, Paris 1976, S. 87 ff. Vgl. allgemein *R. Rémond*, La droite en France. De la première Restauration à la Ve République, 3. Aufl., Paris 1968, S. 245 ff.

[104] Das Grundgesetz hat in Art. 79 Abs. 3 GG eine wichtige Lehre gezogen. Die Autoren, die heute das Fundament der Verfassung von links aus anbohren wollen, indem sie die Beseitigung dieser Vorschrift für zulässig halten, scheinen nicht zu merken, daß diese Argumentation bereits der, übrigens erfolgreichen, Zerstörung von rechts aus dienlich war.

sichtlich, nämlich nicht davon aus, daß die „Revolution" „legal" stattfindet, in einem von dem Abzulösenden vorgesehenen Verfahren. Eben diese Prozedur warf 1933 in Deutschland wie 1940 in Frankreich ungewohnte rechtliche Probleme auf. Vor allem denjenigen Staatsrechtslehrern, die solche Einladung zur Verfassungsbeseitigung für rechtlich unzulässig hielten, kann man nachträglich kaum vorwerfen, sie hätten beizeiten rechtliche Lösungen bezüglich der Folgen solcher „Ermächtigungen" bereitstellen müssen. Das war doch wohl vornehmlich Sache derjenigen, deren Meinung seinerzeit zur herrschenden geworden war. Daß eine solche Klarstellung *nach* der „Ermächtigung" (d. h. der „legalen Revolution") schwerfallen kann, soll nicht bestritten werden, im Gegenteil, bei einigem Realismus war damit zu rechnen, daß eine solche Ermächtigung zu Zensur und viel Schlimmerem führt, daß dann „Kritik" unmöglich wird.

2. Hält man hingegen die Ermächtigungen von 1933 und von 1940 nicht für legal, so hat eine „juristische Revolution" *vorher* stattgefunden. Dann haben die zuständigen Organe des „Alten" ihre Kompetenzen überschritten. Das „Neue" verhielt sich in dieser Sicht sozuagen nur folgerichtig; nach der „Revolution" trat die „Normalität" ein. Dies wäre die Erklärung des „Alten", es sei am Ende, habe aber noch die Kraft, dem Not-wendenden „Neuen" die Macht zu übergeben, auch wenn die Verfassung solche Übergabe nicht vorsehe. Im Interesse der Nation aber sei *dieser* Übergang der Macht vom „Alten" auf das „Neue" notwendig.

Es wäre wohl fraglich, wollte man — abgesehen von der „juristischen Revolution" — darin eine Revolution im herkömmlichen Sinne sehen. Eher handelt es sich um eine Abdankung[105]. Da in Deutschland wie in Frankreich *Republiken* abdankten, fällt es heute schwer, den Sachverhalt so zu benennen, wie er es verdient.

Freilich bestehen auch insoweit Unterschiede, als in Deutschland 1933 eine nach heutigem Verständnis verfassungsfeindliche Partei bei der „Ermächtigung" den Ausschlag gab, während in Vichy eine große Mehr-

[105] Das ist auch von wichtigen „unverdächtigen" Zeugen so gesagt worden, vgl. nur *Halévy*, a.a.O., S. 135 f. (die Parlamentarier exekutierten sich selbst, hätten aus Scham vor der Schande geschwiegen usw.); *Aron*, a.a.O., S. 16 (Republik gab sich selbst auf); *M. Waline*, Manuel élémentaire de droit administratif, 4. Aufl., Paris 1946, S. 27, schreibt, die Ermächtigung vom 10. 7. sei nicht ohne Vorläufer gewesen, sie sei systematisch gewollt gewesen, denn das Parlament hätte sich „normal" versammeln können. Sehr scharf der Staatsrechtler *E. Giraud*, La reconstruction politique de la France, Paris 1946, S. 199: „... les politiciens quittaient la République comme une maison de commerce qui a fait faillite et qui, de ce fait, n'offre plus d'intérêt." Giraud, der vor 1939 den Niedergang der Republik scharf kritisiert hatte, sagt auch, man solle weniger den Beamten des Vichy-Regimes nachstellen, sondern den Parlamentariern, die am 10. 7. 40 die Ermächtigung beschlossen hätten ...

heit von Verfassungstreuen bestand. Allerdings waren für die beiden Völker auch die Folgen des verfassungsrechtlichen Verhängnisses unterschiedlich.

An Versailles und den Folgen führt kein Weg vorbei. Es gab in der Geschichte wohl keine verhängnisvollere Art des Sieges.

Eine französische Elite-Schule

L'Ecole des Cadres von Uriage (1940 - 42)*

Frankreich ist kaum weniger als Großbritannien ein Land der Elite-Schulen. Geradezu legendär ist in unseren Tagen die Ecole Nationale d'Administration (ENA). Sie übt eine solche Kraft der Anziehung aus, daß die Teilnahme junger deutscher Juristen institutionalisiert worden ist. Vor der ENA (1945) waren andere Elite-Schulen wie die Ecole Normale Supérieure, die Ecole Libre des Sciences Politiques und die Ecole Polytechnique gegründet worden[1]. Es gibt verschiedene Gründe, mit denen man die Existenz solcher Elite-Schulen plausibel erklären kann. Ein Grund dürfte in der zentralistischen Struktur des Landes liegen: Auch Rekrutierung und Ausbildung der künftigen Eliten Frankreichs unterliegen dem Gesetz der zentralistischen Hierarchie.

Die jeweiligen geschichtlichen Ursachen der Gründung solcher Schulen lassen sich ohne Mühe darlegen: Durchweg bedingen sich die Ursachen gegenseitig, d. h. die Gründung einer neuen Schule will die Antwort auf das Versagen ihrer Vorgängerin sein. Die Grundtendenz solcher Gründungen ist über die geschichtlichen Konstellationen hinweg dieselbe: Heranbildung der Eliten der Nation. Doch die konkrete geschichtliche Situation bringt es mit sich, daß bisweilen Glieder dieser Elite-Tradition in Vergessenheit geraten bzw. dorthin gestoßen werden. Deshalb haben diesbezügliche Bestrebungen des Vichy-Regimes in der ersten Zeit nach der „Libération" wenig Aufmerksamkeit gefunden, erst recht hierzulande. Es ist an der Zeit, auf eine Elite-Schule des Vichy-Regimes hinzuweisen, die in vieler Hinsicht Beachtung verdient: Die Ecole Nationale des Cadres, die von 1940 bis 1942 auf Schloß Uriage bei Grenoble (im unbesetzten Teil Frankreichs) bestand[2].

---

* Herrn Prof. Dr. *Hans Schneider* zum 70. Geburtstag am 11. Dezember 1982 gewidmet, mit Dank für das Vorbildhafte, in der Hoffnung, daß die dieses Thema bestimmende Persönlichkeit das Wohlgefallen des Potsdamers („Graf Neun") finden wird.

[1] Überblick bei *Bruno Magliulo*, Les grandes écoles, Paris 1982.

[2] Schon jetzt seien die beiden Aufsätze zitiert, die sich ausschließlich mit diesem Thema befassen: *Janine Bourdin*, L'Ecole Nationale des Cadres d'Uriage, Rev. Fr. Sc. Pol. 9 (1959), S. 1029 ff.; *Raymond Josse*, L'Ecole des Cadres d'Uriage (1940 - 1942), Revue d'Histoire de la Deuxième Guerre Mondiale 16 (1966), No 61, S. 49 ff. Eine umfassende, auch das Archivmaterial auswertende Darstellung steht noch aus.

Aufgrund neuerer französischer und amerikanischer Forschungen dürfte es angebracht, sogar nötig erscheinen, auch in Deutschland mit wissenschaftlicher Differenzierung das Vichy-Regime als Folge der Niederlage von 1940 zu würdigen. Daß man hierzulande dieses Regime überwiegend in pauschaler Weise negativ beurteilt, versteht sich aus der konkreten Situation deutscher Politik, mit der sich die Geschichtsschreibung der neuesten Zeit besonders eng verbunden fühlt. Jedoch läßt auch hierzulande die zeitgenössische Befangenheit nach. So wird es möglich, das Vichy-Regime nicht nur vom Ende her zu betrachten[3], sondern auch von seinen Anfängen, nämlich als für sehr viele Franzosen, auch für solche, die später in den Reihen der Résistance standen, vieles noch offen war.

I.

Die mit dem Waffenstillstand (22. Juni 1940) in Compiègne besiegelte Niederlage wirkte auf die überwiegende Mehrheit der Franzosen wie ein Schock. Gleichwohl ist festzuhalten, daß von vielen Franzosen dieses Ereignis geahnt worden war, nämlich im Zusammenhang mit dem Verfall, dem sich das Ansehen der III. Republik ausgesetzt hatte.

1. Daher sah man die Ursachen der Niederlage weniger in schweren strategischen und taktischen Fehlern der Militärs als vielmehr in Fehlern der politischen Machthaber[4]. Die Reaktion auf diese Meinung bestand nicht im Willen zur Erneuerung des Alten, sondern in der Abschaffung nahezu alles dessen, was die III. Republik im zeitgenössischen Bewußtsein ausgemacht hatte. Die Stimmen, die für ein innenpolitisches Abwarten bis zur Beendigung des Krieges plädierten, wurden von jenen übertönt, die angesichts der Niederlage für die sofortige nationale Erneuerung eintraten. Insoweit sollte es keine Reform, sondern Revolution geben, La Révolution nationale.

Deshalb machten die Kräfte, die hinter dem Chef de l'Etat français, also hinter *Pétain* standen, sogleich nach dem Ermächtigungsgesetz, das die Assemblée Nationale (von 1936) am 10. Juli 1940 in Vichy beschlossen hatte[5], von den Vollmachten regen Gebrauch[6]. Dem Vichy-Regime

---

[3] Der frühere Tübinger Ordinarius Hans Schneider weiß, daß dieses Ende in Sigmaringen stattfand, worüber der große haßerfüllte Schriftsteller *Céline* in „D'un château l'autre" berichtet hat, jener Autor, der dem Tübinger Professor *Carlo Schmid*, ehedem in Lille tätig, dann als Minister in der Landeshauptstadt Tübingen wirkend, nicht unbekannt war.

[4] Man muß an die Tatsache erinnern, daß nicht *Pétain*, sondern *de Gaulle* ein Gegner der Maginot-Strategie war.

[5] Zu den verfassungsrechtlichen Ursprüngen: Das Ende einer Republik — 10. Juli 1940 in Vichy, oben S. 9 ff.; zu Nachwirkungen: *ders.*, Rückwirkung der Unwählbarkeit — Spätfolgen eines Ermächtigungsgesetzes, unten S. 55 ff.

ging es um eine weitreichende Erneuerung Frankreichs. Die Ursachen der Niederlage wurden nicht nur im Versagen der Politiker und der politischen Institutionen der III. Republik gesehen, sondern auch im Niedergang der politischen Moral der Franzosen. Die Niederlage wurde sogar als verdient und daher als heilsam angesehen, als heilsam für die nötige Erneuerung Frankreichs, die unter normalen Bedingungen nicht erreicht worden war. Das war sogar die Meinung solcher Politiker, welche zuletzt die Politik der III. Republik (und damit auch die Volksfront-Regierung von 1936) getragen hatten.

2. Das Vichy-Regime begann zunächst mit „Säuberungen", die folgerichtig rückwirkenden Charakter haben mußten, und zwar im Hinblick sowohl auf „Ausländer" als auch auf Bürger jüdischer Herkunft. Die positive Richtung der Erneuerung zielte auf einen „autoritären" Staat[7]. Daher wurden die „Prinzipien von 1789" weitgehend abgelehnt. Der Etat français sollte nicht mehr von der falschen Idee der natürlichen Gleichheit aller Menschen ausgehen. An ihre Stelle hatte der Grundsatz zu treten, daß jeder die Chance haben müsse, nach seinen Fähigkeiten dem Staat zu „dienen". Arbeit und Begabung sollen über die Verwirklichung der Chancen bestimmen, wobei die Festlegung der Maßstäbe Sache der staatlichen Organe sein müsse. Auf diese Weise werde auch der Klassenkampf ein Ende finden. Ohne Diskriminierung durch die soziale Herkunft sollen die neuen Eliten der Nation gebildet werden.

Das Regime sagte sowohl dem herkömmlichen „Kapitalismus" als auch dem überlieferten „Sozialismus" den Kampf an. Die Richtung auf eine korporativistische Organisation der Gesellschaft war unverkennbar, der „staatsfreie" Bereich der Gesellschaft wurde zunehmend unter öffentlich-rechtliche Regelungen gestellt[8]. Die Absage an die überlieferten Ideen von Sozialismus waren der Grund dafür, daß namhafte Sozialisten und Gewerkschaftsführer sich am Aufbau des Etat français beteiligten[9]. Das Vichy-Regime setzte sich auch eine Reform der Ver-

---

[6] Aus dem umfangreichen Schrifttum sei hier zitiert der Sammelband: Le Gouvernement de Vichy 1940 - 1942, Paris 1972. Übersichtliche Gesamtdarstellung bei *Jean Petot*, Les grandes étapes du régime républicain français (1792 - 1969), Paris 1970, S. 532 ff.

[7] Übersichtliche Darstellung bei *Pierre de Senarclens*, Le mouvement „Esprit" 1932 - 1941 — Essai critique, Lausanne 1974, S. 259 ff. Kurze Darstellungen auch bei *Yves Durand*, Vichy 1940 - 1944, Paris 1972, sowie bei *Henri Michel*, Pétain et le régime de Vichy, Paris 1978. Über die „Säuberung" der Verwaltung s. *Maurice Duverger*, La situation des Fonctionnaires depuis la Révolution de 1940, Paris 1940.

[8] Zur Charte du Travail, dem neuen Arbeitsrecht, nunmehr *Viktor Weidner*, Die französische Charte du Travail (1941 - 1944). Versuch einer Alternative zur überkommenen dual-antagonistischen Arbeitsverfassung, in: Gedächtnisschrift für Hermann Conrad, Paderborn 1979, S. 567 ff. Wichtige Gesetzestexte leicht zugänglich in: Le Gouvernment de Vichy, a.a.O., S. 332 ff.

waltung zum Ziel. In seiner Gegnerschaft zur „modernen Industriegesellschaft (bzw. Massengesellschaft)“ und mit demgemäßer Betonung des agrarischen Charakters Frankreichs wollte es die Verwaltung des flachen Landes verbessert wissen. Die départements, während der Revolution nach 1789 künstlich über das Land gelegt, sollten von „Provinzen“ überlagert werden, die sich an der alten räumlichen Gliederung Frankreichs zu orientieren hatten[10].

II.

Es versteht sich geradezu von selbst, daß der Etat français dem Erziehungswesen besondere Bedeutung beilegte. Schon in seiner Erklärung vom 25. Juni 1940 hatte Pétain von einer „révolution intellectuelle et morale“ gesprochen. Alsbald nach dem 10. Juli begann die Umgestaltung des Unterrichtswesens. Es kam auch sogleich zu Eingriffen in das bestehende System der Universitäten[11].

1. Das Regime begnügte sich jedoch nicht mit organisatorischen Maßnahmen. Es nahm auch Einfluß auf die Ziele der Erziehung. Dem Bildungswesen der III. Republik wurde vorgeworfen, es habe geglaubt, mit bloßer Wissensvermittlung die Herzen bilden und den Charakter stärken zu können. Von dieser rein bücherhaften Pseudokultur müsse Abschied genommen werden. Vor allem müsse man die Ehre der Arbeit wieder herstellen. Insbesondere in den Grundschulen müsse das Handwerkliche wieder zu Ehren kommen. Es wurde der Schule zur Aufgabe gemacht, „réenraciner ... l'homme français dans la terre de la France, où il puisera toujours, en même temps que sa substance et celle de ses concitoyens de la ville, les solides vertus qui ont fait la force et la durée de la Patrie“[12].

Doch über das Schulwesen hinausgehend schlug das Regime alsbald eine „politique de la jeunesse“, eine aktive Jugendpolitik ein[13]. Aller-

[9] So der frühere hohe CGT-Funktionär *René Belin*, der bis 1942 Minister war, sowie der Syndikalist *Hubert Lagardelle*, in Vichy Nachfolger Belins bis 1943. Wichtig die Memoiren Belins: Du secrétariat de la CGT au gouvernement de Vichy, Paris 1978.

[10] Dazu der Überblick bei *Eckhard Müller-Guntrum*, Die Organisation der französischen Regionalverwaltung, Köln 1979, S. 42 ff.

[11] z. B. der Übergang zur Ernennung der Dekane durch den Staat. Das war ein um so tieferer Eingriff, als Frankreichs Universitäten keinen Universitäts-Rektor im üblichen Sinne hatten.

[12] Siehe *de Senarclens*, a.a.O., S. 264. Dies ist eine Äußerung von Pétain selbst. Über die Chantiers de la Jeunesse: *J. de la Porte du Theil*, Un an de commandement des Chantiers de la Jeunesse, Paris 1941; *Jean Delage*, Grandeurs et servitudes des Chantiers de Jeunesse, Paris 1950, und *Robert Hervet*, Les Chantiers de la Jeunesse, Paris 1962.

[13] Dazu eingehend: *Aline Coutrot*, Quelques aspects de la politique de jeunesse, in: Le Gouvernement de Vichy, a.a.O., S. 265 ff.

dings ließ der Staat, selbst noch ohne feste Vorstellungen von solcher Jugendpolitik, individuellen Initiativen viel Spielraum. So konnte der General *de la Porte du Theil* die „Chantiers de la Jeunesse" schaffen, Jugendlager für etwa 100 000 ehemalige junge Rekruten. Sie enthielten eine Mischung von Pfadfindergeist und militärischen Ideen. Für die 16 - 20jährigen wurde die Organisation der „Compagnons de France" eingerichtet. Man hat anerkannt, daß diese Bestrebungen nicht auf eine Einheitsbewegung hinausliefen und totalitäre Lösungen vermeiden wollten[14].

Hinter diesen Bestrebungen, die auch zur Gründung der Ecole des Cadres in Uriage führten, standen etliche Personen, die bereits vor dem Zusammenbruch von 1940 für eine Erneuerung Frankreichs eingetreten waren. Es handelte sich dabei vornehmlich um Personen, die man mit der Sammelbezeichnung „Non-conformistes des années 30" versehen hat[15]. Freilich traten nicht alle diese Personen für die Révolution nationale ein. Einige gingen zu *de Gaulle*, andere hielten sich zurück, wiederum andere gingen alsbald in die Résistance. Gleichwohl ist festzuhalten, daß zu Beginn die Révolution nationale wichtige Unterstützung aus Kreisen dieser Non-Konformisten erhielt.

2. So gab es im Generalsekretariat für die Jugend eine Einrichtung, „Jeune France", die junge Leute des Theaters, der Dichtung, der Musik und sogar linke Journalisten um sich sammelte[16]. Die Nennung von Namen wie denen des Komponisten *O. Messiaen*, des Cineasten *R. Leenhardt* und der Schauspieler *J.-L. Barrault*, *M. Marceau* und *J. Vilar* mag genügen. Die Bewegung „Jeune France" war christlich inspiriert. Sogar Mitglieder der Reformbewegung „Ordre Nouveau" arbeiteten in Vichy mit, so *R. Loustau* an wichtiger Stelle im Außenministerium. Waren dies zum Teil Vertreter jener Reformbewegung der Vorkriegszeit, die dem „Personalismus" anhingen, so erhielt Vichy besonders wichtige Unterstützung durch *Emmanuel Mounier*, den Anführer der auch international stark beachteten Reformbewegung „Esprit" mit der gleichnamigen Zeitschrift[17].

---

[14] So *de Senarclens*, a.a.O., S. 265.

[15] Darüber eingehend: *Jean-Louis Loubet del Bayle*, Les non-conformistes des années 30 — Une tentative de renouvellement de la pensée politique française, Paris 1969; *Jean Touchard*, L'esprit des années 1930: Une tentative de renouvellement de la pensée politique française, in: Tendances politiques dans la vie française depuis 1789, Paris 1960, S. 89 ff.

[16] In einem größeren Zusammenhang, nämlich in einer umfassenden Intellektuellen-Geschichte, darüber *Herbert L. Lottman*, La Rive gauche. Du Front populaire à la guerre froide, Paris 1981, S. 272 ff., sowie *Manfred Flügge*, Verweigerung oder Neue Ordnung, Rheinfelden 1982, Bd. 1, S. 109 ff.

[17] Über ihn nunmehr umfassend: *John Hellman*, Emmanuel Mounier and the New Catholic Left 1930 - 1950, Toronto 1981, hier vor allem S. 158 ff.

Mounier hatte sich nach dem Militärdienst im unbesetzten Lyon etabliert. Wiewohl manche Mitglieder seiner équipe gegen das Wiedererscheinen der Zeitschrift „Esprit" waren, schritt Monier, insbesondere unterstützt vom Nationalökonomen *François Perroux* und vom Schriftsteller *Jacques Madaule*, zur Tat; im November 1940 erschien wieder „Esprit". Auch für Mounier war die Niederlage der Anlaß zur geistigen Erneuerung Frankreichs. Der von ihm bereits vor 1939 bekämpfte „esprit bourgeois", eine Folge der Herrschaft des Geldes, habe seine definitive Niederlage erlitten. Beim Bau der neuen „cité personnaliste" komme der Jugend die entscheidende Rolle zu, sie soll der Träger der nationalen Revolution sein. Sie wird jene innere Erneuerung des Landes in Gang bringen, welche die Voraussetzung der politischen und sozialen Erneuerung Frankreichs ist. Angesichts seiner früheren Abneigung gegenüber dem Regime der Parteien fiel es Mounier nicht schwer, seine jetzigen Vorstellungen in die Nähe der amtlichen Ideen des Vichy-Regimes von der Révolution nationale zu bringen[18]. Ein autoritärer Zug seines Denkens war unverkennbar, wenngleich Mounier darauf hinwies, daß auch die katholische Kirche des Mittelalters innerhalb der Grenzen der Toleranz unterschiedliche Denkrichtungen zugelassen habe[19]. Dem amtlichen Vichy war diese Ideen-Hilfe zunächst willkommen: Vichy selbst hatte noch keine eindeutige Linie.

III.

1. Initiator und Chef der Ecole des Cadres in Uriage war der Berufsoffizier Capitaine (Rittmeister) *Pierre Dunoyer de Segonzac*[20]. Bereits Anfang August 1940 erhielt er von der Vichy-Regierung die Erlaubnis, eine Ecole des Cadres zu gründen. Der Zeitpunkt der Gründung erklärt es, weshalb man dem tatkräftigen Offizier geradezu freie Hand ließ. Die Schule wurde am 12. August in einem Schloß eingerichtet, das in der Umgebung Vichys lag[21]. Da sich die Nähe Vichys bald als störend er-

---

[18] Eingehend *de Senarclens*, a.a.O., S. 270 ff.

[19] *de Senarclens*, ebd., S. 290 ff.

[20] Pierre Dunoyer de Segonzac (1906 - 1968) entstammte einer alten Adelsfamilie aus dem Südwesten Frankreichs. Er trat in die Armee ein und durchlief die Schulen von Saint-Cyr und Saumur. Im Frankreich-Feldzug war er Kompagniechef in einem Panzerregiment. Nach dem Krieg stieg er bis zum General auf. Sogleich nach dem Waffenstillstand 1940 ließ er sich beurlauben. Da er meinte, am Unglück Frankreichs sei das Versagen der Führungsschichten schuld, stellten ihre fachliche Unfähigkeit, ihr Schleifenlassen und ihre Sorglosigkeit geradezu einen wirklichen Verrat dar, konzipierte er Ideen von moderner Führungsausbildung. Er traf in Vichy einen ihm bekannten Major, der im Secrétariat d'Etat à la Jeunesse et aux Sports tätig war und der den Minister, *Jean Ybarnégaray*, veranlassen konnte, auf die Ideen des Rittmeisters einzugehen. (Das Secrétariat unterstand Pétain unmittelbar.) Für das Ganze wichtig: *Pierre Dunoyer de Segonzac*, Le vieux chef. Mémoires et pages choisies, Paris 1971.

wies, wählte man zum Sitz der Schule ein mittelalterliches Schloß in Uriage (heute: Uriage-les-Bains) bei Grenoble. Inzwischen hatte Dunoyer de Segonzac („le vieux chef") die organisatorischen Vorbereitungen abgeschlossen[22].

Der „Stab" der Schule setzte sich aus vier Teilen zusammen: 1. die équipe d'instruction, die Gruppe der Betreuer der Hörer, welche die einzelnen Arbeitsgruppen leiteten. Dies war der eigentliche Stamm der Schule. Der Leiter dieser Betreuer war zugleich Stellvertreter des Direktors der Schule. Sodann gab es 2. die équipe d'études, also die Gruppe der Dozenten, deren Leiter der directeur des études war. Diese Gruppe stellte die Beziehungen zur „Umwelt", vor allem zur Wissenschaft her. Ferner gab es 3. die Verwaltung der Schule und schließlich 4. spezielle Lehrkräfte für Fächer wie Sport, Handwerksarbeit, Chorgesang und Theater, dem Chef der équipe d'instruction unterstellt.

Überwogen am Anfang in diesem Lehrkörper die Offiziere[23], so stellten später die Zivilisten die Mehrheit. Die Idee dieser Ecole des Cadres zog alsbald vorzügliche Lehrkräfte, sei es für ständige Kurse, sei es für Vortragsreihen, aus vielen Berufen an. Es seien nur wenige Namen erwähnt: Der Anglist *Gilbert Gadoffre*, der Völkerrechtler *Paul Reuter* und der Journalist *Hubert Beuve-Méry*, der sogar directeur des études war. Hinzu kamen namhafte Gelehrte der nahen Universität Grenoble wie die Juristen *Jean-Jacques Chevallier*, *Henri Mazeaud* und *Jean-Marie Jeanneney*, der Nationalökonom *Robert Mossé*, ferner die Theologen *de Naurois*[24], *de Solages*, *Dubarle*, *Chenu* und *de Lubac*, der Journalist *Jean-Marie Domenach*, der Soziologe *Paul-Henry Chombart de Lauwe*, aus praktischen Berufen der frühere Botschafter in Berlin, also *André François-Poncet*, sowie *Paul Claudel* und *Paul Delouvrier*. Wenn man die spätere Wirksamkeit solcher Dozenten beachtet, wird man sagen müssen, daß hervorragende Persönlichkeiten im Dienste der Ecole des Cadres standen[25].

---

[21] Hinsichtlich dieses Sitzes der Ecole des Cadres gibt es ebenfalls einen „non-konformistischen" Zusammenhang. Pächter des Schlosses war *Philippe Lamour*, ein Rechtsanwalt. Er hatte 1931 die Zeitschrift „Plans" gegründet, sich aber nach dem Waffenstillstand aufs Land zurückgezogen, um sich als Landwirt zu betätigen. Nach 1945 an führender Stelle in den Organisationen der Landwirtschaft tätig, wurde er später ein bekannter Raumordnungspolitiker. Von ihm die Erinnerungen: Les Quatre Vérités, Paris 1981.

[22] Dazu vor allem *Josse*, a.a.O., S. 53 ff.

[23] Dunoyer de Segonzac und seine Offiziersfreunde waren keine Nursoldaten. Sie waren auch geprägt durch die nach 1871 einsetzende katholische Sozialbewegung *(de Mun, de la Tour du Pin, Harmel)*. Dazu *Hans Maier*, Revolution und Kirche. Zur Frühgeschichte der christlichen Demokratie, 3. Aufl., München 1973, S. 250 ff.

[24] de Naurois war Professor am Institut Catholique (einer privaten Hochschule) in Toulouse. In Uriage übernahm er das Amt des „Feldgeistlichen".

2. Wurden in Uriage zunächst nur Führungskräfte für die Chantiers de la Jeunesse ausgebildet, so wurde bald die Zielsetzung der Schule verbreitert. Nun sollte es ganz allgemein darum gehen, auf der Grundlage der Freiwilligkeit künftige Führungskräfte der Jugend auszubilden, gewissermaßen: Ausbildung von Ausbildern (im weitesten Sinne). Das galt einerseits für das Secrétariat à la Jeunesse in Vichy, andererseits für die Ausbildungskader der 10 regionalen Jugend-Ausbildungszentren. Für diese Hörer war eine Stage in Uriage von 6 Monaten vorgesehen. Doch fand nur ein einziger Kurs von 6 Monaten Dauer statt. Aus einem Kreis von 5000 Kandidaten wurden 63 Teilnehmer ausgewählt. Dieser Kurs lief im Jahre 1942.

Noch folgenreicher für Frankreich war ein anderes Programm der Schule. Es bestand aus Kursen von dreiwöchiger Dauer. Man kann sie als allgemeine Informations- oder Kontaktkurse ansehen. Demgemäß waren die Inhalte dieser Kurse weniger auf Ausbildung im engeren Sinne gerichtet. Erst dadurch wurde Uriage zu einem Zentrum der geistigen Erneuerung Frankreichs, auch wenn dies, wie man vermuten darf, keineswegs der Hauptzweck der Förderung durch die amtlichen Stellen Vichys war. Nicht weniger als 4000 Personen haben an diesen Kursen der Schule von Uriage teilgenommen, ganz abgesehen von jenen Personen, die Sonderveranstaltungen besuchten[26].

Die Mehrzahl der freiwillig gekommenen Hörer war zwischen 22 und 30 Jahren alt. Doch gab es nicht wenige Hörer, die erheblich älter waren. Alle akzeptierten die recht straffe Disziplin der Schule. Gemäß der Zielsetzung von Uriage war die Zusammensetzung der Hörerschaft nicht weniger „pluralistisch" als die der Ausbilder und Dozenten.

Ein gewisser militärisch-sportlicher Stil der Ausbildung in Uriage war unverkennbar, so wie auch heute der Sport in der ENA eine nicht dem Hohn ausgesetzte Rolle spielt. Freilich kann von militärischem Drill kaum die Rede sein, falls man Disziplin bzw. Selbstdisziplin nicht als Militarismus betrachten will. Der bereits erwähnte Einschlag von Pfadfindertum darf so wenig übersehen werden wie Ähnlichkeiten mit der Jugendbewegung in Deutschland[27], die dann ab 1933 vom NS-Regime vereinnahmt wurde und von der nach 1945 mit nicht ganz zweck-

---

[25] Beuve-Méry hat nach der Libération die Tageszeitung „Le Monde" gegründet. Bis zum Münchener Abkommen 1938 war er Redakteur von „Le Temps" (Vorgängerin von Le Monde); aus Protest gegen die Billigung des Münchener Abkommens verließ er die Redaktion. Von ihm: Ecoles de Cadres, Esprit, 1945, S. 624 ff.

[26] Die Schule gab auch eine Zeitschrift heraus, die „Cahiers d'Uriage".

[27] Auf Zusammenhänge zwischen französischen und deutschen Reformkreisen weist hin: *Loubet del Bayle*, a.a.O., S. 97 f. und öfter. Er erwähnt u. a. *Harro Schulze-Boysen*, später einer der Leiter der „Roten Kapelle". Es gab auch Verbindungen zum Tat-Kreis.

freier Geschichtsklitterung behauptet wurde, sie habe zwangsläufig zum NS-Regime führen müssen[28], als ob es z. B. solche Strömungen in der SPD-Jugend nicht gegeben habe[29].

3. Die Erziehungsziele der Schule von Uriage lassen sich schwerlich im einzelnen positiv aufzählen, eher negativ beschreiben: Die künftigen Eliten sollen eine andere Erziehung erhalten als diejenige, die zum derzeitigen Zustand Frankreichs geführt hatte. Man war auf der Suche nach einem „type d'homme nouveau". Es sollte dies aber keine radikale Absage an die Tradition bedeuten, sondern den Versuch, das im Niedergang Verschüttete für die Zukunft nutzbar zu machen. Der unbefangene Kavallerie- bzw. Panzeroffizier Dunoyer de Segonzac bot kein fertiges Bild *des* „homme nouveau" an. Daher waren Unterricht und Diskussionen in Uriage ungewöhnlich offen, tolerant und sozial aufgeschlossen[30]. So war auch die Lebensweise in Uriage betont einfach, wenn nicht geradezu spartanisch. Auch sollten die Teilnehmer der Kurse den Wert der einfachen Arbeit schätzen lernen, weil ein richtiger „Chef" wissen müsse, was er anordne.

Doch es war, wie man heute feststellen kann, der Konflikt der Schule mit dem amtlichen Vichy vorprogrammiert. Die „amtliche" Ideologie des *frühen* Vichy-Regimes, vor allem der Geist der „Action française", wurde in Uriage abgelehnt[31]. Insbesondere der Geistliche de Naurois, der nach 1933 längere Zeit in Deutschland gelebt hatte, wies darauf hin, daß es sich bei dem Sieger nicht bloß um „Deutsche" handele, sondern um ein totalitäres Regime. Uriage lehnte jedweden Totalitarismus ab,

---

[28] Daß der Nationalsozialismus anfangs auch Zulauf aus diesen Kreisen erhielt, steht auf einem anderen Blatt. Auf ihm steht aber auch, daß aus diesen Kreisen sich Widerstand gegen das NS-Regime bildete. Mit Uriage verhielt es sich nicht anders: Von dort gingen Leute ins Lager der eigentlichen Kollaboration. Daß viel mehr Leute in die Résistance gingen, hing *auch* damit zusammen, daß man 1941/42 den Charakter des NS-Regimes deutlicher erkennen konnte als 1933/34.

[29] Ein Angehöriger des Lehrkörpers von Uriage meinte, die Schule habe sich an den Ordensburgen des NS-Regimes orientiert. Allerdings fehlen genauere Belege. (Vgl. *Gilles Ferry*, Une expérience de formation de chefs, Paris 1945, S. 32/33.) Man wird aber schwerlich annehmen dürfen, daß der Rittmeister Dunoyer de Segonzac eine genaue Vorstellung von den deutschen Ordensburgen hatte. Vermutlich beruhen Ähnlichkeiten auf Verwandtschaften in gewissen Grundideen, wie überhaupt die Vorstellung von „Orden" nicht vom NS erfunden worden war. Hingegen nahm der bekannte Maler Dunoyer de Segonzac an einer jener Reisen ins Reich teil, die für prominente französische Schriftsteller, Musiker und Maler organisiert worden waren (mit Dunoyer de Segonzac reisten u. a. *Derain*, *Vlaminck*, *Friesz* und *Despiau*). Siehe die Erinnerungen des deutschen Zensuroffiziers in Paris: *Gerhard Heller*, Un Allemand à Paris, Paris 1981, S. 83. Deutsche Ausgabe: In einem besetzten Land: NS-Kulturpolitik in Frankreich. Erinnerungen 1940 - 1944, Köln 1982, S. 106.

[30] Vgl. *Josse*, a.a.O., S. 57.

[31] *Josse*, ebd., S. 59.

aber auch die „Anarchie des Individualismus". Allerdings gehörte der Ausdruck „Dekadenz" ebenfalls zum Vokabular von Uriage[32]. Auch die Tatsache, daß die Leitung der Schule auf Diskussion großen Wert legte, markierte eine Trennungslinie zum amtlichen Vichy, indem die Schule scharf zwischen der bloß formalen und der inneren Autorität der Führung unterscheiden wollte.

Dies bedeutete jedoch nicht, daß Dunoyer de Segonzac sich gegen die Person Pétains gestellt hätte[33]. Ihm traute er keinen Verrat der nationalen Interessen zu; er nahm an, daß sich der Marschall nicht nur gegen die Deutschen, sondern auch gegen seine Umgebung wehre. Deshalb kann die Feststellung nicht überraschen, daß für den „Vieux Chef" und die Offiziere Résistance niemals „gaullistisch" sein konnte, sie müsse im Rahmen der von Pétain vertretenen Révolution nationale bleiben, weil de Gaulles Verhalten nicht gebilligt werden könne. Die überwiegende Zahl der „Zivilisten" im Stab von Uriage hingegen hielt eine Résistance im Rahmen der Révolution nationale nicht für möglich, wenngleich es im großen Stab der Dozenten auch Anhänger des amtlichen Vichy gab. Gleichwohl brachte die Offenheit die Schule bald in Verdacht, weil sich Dunoyer de Segonzac weigerte, den „Pluralismus" von Uriage auf eine Einheitslinie zu bringen.

Wichtig ist hier die Feststellung, daß der Geist der Schule, daß der Kern der Erziehungsziele von Uriage auf „Reform" gerichtet war, auf eine tiefgreifende Erneuerung des Landes, die bei den künftigen Eliten anzusetzen habe. Der idealistische Zug, zum Materiellen auf Distanz zu gehen, trat deutlich hervor, aber auch die Absicht, das soziale Verantwortungsbewußtsein zu stärken. Es wurden die Umrisse eines Bildes vom Staate deutlich, der zwar demokratisch, aber weithin „socialisé" und antikapitalistisch sein sollte, mit Mitbestimmung und Gewinnbeteiligung der Arbeitnehmer — all dies zugleich in Ablehnung des Marxismus-Leninismus[34]. Von daher erklärt sich das starke Interesse vieler Non-Konformisten der Dreißiger Jahre an Uriage. Sie sahen hier, nach dem Scheitern ihrer Bemühungen vor der Niederlage des Jahres 1940, eine Gelegenheit, ihre Vorstellungen doch noch zur Wirksamkeit zu bringen.

Aufs Ganze Frankreichs gesehen mochte in Uriage der Eindruck entstehen, als sei es möglich, neben de Gaulle und dem Vichy vom Geiste der Action française eine Dritte Kraft entstehen zu lassen, also die Chance zur Heranbildung der Eliten für das „Frankreich von morgen".

---

[32] Vgl. *Bourdin*, a.a.O., S. 1037.

[33] *Josse*, a.a.O., S. 69.

[34] *Josse*, a.a.O., S. 67.

IV.

1. Zunächst schien die Entwicklung der Ecole des Cadres von Uriage solche Hoffnungen zu bestätigen. Bis hin zum Herbst 1941 konnte die Schule ihre Ziele verhältnismäßig ungestört verfolgen. Allerdings gab es bereits im Frühjahr 1941 erste Schwierigkeiten mit Vichy[35]. Dunoyer de Segonzac wurde aufgefordert, auf die Mitwirkung von Mounier und de Naurois zu verzichten. Er weigerte sich, ohne daß dies vorerst Folgen gehabt hätte. Vor einem Ausschuß des Conseil national hatte er sich zu rechtfertigen[36]. Im Juli 1941 besuchte der damals zweite Mann im Staate, Admiral *Darlan*[37], die Schule von Uriage. Eine Folge dieses Besuchs war die Bestimmung der Regierung, daß die 3-Wochen-Kurse in Uriage für bestimmte Gruppen von künftigen hohen Beamten obligatorisch wurden[38]. Damit sollte der Regierung gleichzeitig größerer Einfluß auf die Leitung der Schule gegeben werden. Folgerichtig nahm der Druck Vichys auf die Schule zu. Die Regierung gründete im Oktober sogar eine stramm regierungstreue zweite Ecole nationale des cadres, die freilich keine Reputation gewinnen konnte. Im Spätsommer bereits schied Mounier, eine der stärksten Figuren im Lehrkörper, aus, gewiß im Zusammenhang mit der Tatsache, daß im August das Erscheinen von Mouniers Zeitschrift „Esprit" durch Darlan verboten worden war[39]. Hingegen blieben andere wichtige Figuren wie Beuve-Méry, Lacroix und Perroux im Lehrkörper. Schon im Herbst wurde Mounier verhaftet.

Inzwischen war *Laval* wieder an die Macht gekommen, d. h. Stellvertreter Pétains geworden. Gleichzeitig schwand der Einfluß der frühen Vichy-Leute, um „Neuen" Platz zu machen, also jenen Kräften, die sowohl der Kollaboration mit den Deutschen bereitwillig folgten, als auch selbst immer deutlicher werdende faschistische oder gar nationalsozialistische Tendenzen zeigten[40]. Bereits im April 1942 äußerte sich Dunoyer

---

[35] Siehe *Bourdin*, a.a.O., S. 1030 ff.; *Josse*, a.a.O., S. 70 ff.; *Hellman*, a.a.O., S. 182 ff.

[36] Durch Gesetz vom 22. März 1941 war der Conseil national als beratendes Organ geschaffen worden. Er hatte 192 Mitglieder. Text des Gesetzes in: Le Gouvernement de Vichy, a.a.O., S. 319 ff.; Liste der Mitglieder in: Le dossier de Vichy, pr. p. Jacques de Launay, Paris 1967, S. 71 ff. Zum Conseil national: *Guy Rossi-Landi*, Le Conseil national, in: Le Gouvernement de Vichy, a.a.O., S. 47 ff.

[37] Laval war als Stellvertreter *Pétains* am 13. 12. 1940 abgelöst worden. Sein Nachfolger wurde Darlan, der dies bis zum April 1942 blieb.

[38] Vgl. *Bourdin*, a.a.O., S. 1030 f.

[39] Siehe *de Senarclens*, a.a.O., S. 299. Mounier war der Meinung, das Verbot sei auf einen alten Gegner zurückzuführen, auf den in Vichy einflußreichen *Henri Massis*, einen führenden Mann der Action française.

[40] In diesen Ereignissen sehen Historiker einen tiefen Schnitt in der Entwicklung Vichys. Manche setzen den Beginn der eigentlichen Kollaboration

de Segonzac offen gegen den neuen Kurs in Vichy. Doch erst am 27. Dezember 1942, nach dem Einmarsch der Deutschen in das bisher unbesetzte Frankreich, löste Laval zum 1. 1. 1943 die Schule von Uriage auf[41]. Das Gebäude beherbergte bis zur Libération eine Führungsschule der Sonderpolizei des Vichy-Regimes, der Miliz[42].

Die Regierung hatte die Verhaftung des „vieux chef“ beschlossen, doch ging Dunoyer de Segonzac in den Untergrund, mit ihm gingen etliche der Ausbilder und Dozenten sowie der Hörer. Unter der Leitung Gadoffres bildete sich im Untergrund eine neue „Equipe d'Uriage“, die sich als eine Art geistiges Ausbildungszentrum der Résistance verstand[43]. Von hier wurden Verbindungen hergestellt zu dem ehemaligen Offizier *Henri Frenay,* der die wichtigste Résistance-Bewegung, also „Combat“, leitete. Die Equipe d'Uriage war auch beteiligt an der Entwicklung von Vorstellungen, die in der Résistance für eine Reform der Elite-Ausbildung im „freien Frankreich“ ausgearbeitet wurden.

Dunoyer de Segonzac seinerseits organisierte para-militärische Einheiten der Forces Françaises de l'Intérieur (F. F. I.), und zwar ab dem Frühjahr 1944[44]. Seine Gruppe *Bayard,* die er unter dem nom de guerre *Hugues* befehligte, umfaßte zunächst 600 Mann. Sie machte 4200 deutsche Soldaten zu Gefangenen und wurde später zum 12. Dragoner-Regiment formiert. Im November/Dezember 1944 wurde diese Einheit in den Vogesen (Col de la Schlucht) in schwere, verlustreiche Kämpfe verwickelt. Es sei noch erwähnt, daß die Regierung in Vichy Anfang 1944 auch die großen Jugendbewegungen auflöste. Bereits im Januar wurde General de la Porte du Theil verhaftet und ins Reich gebracht.

2. Die Ecole des Cadres von Uriage ist untrennbar mit dem Ideenstrom verbunden, der 1945 zur Schaffung der Ecole Nationale d'Administration führte. Die ENA ist nicht einem plötzlichen, genialen Einfall entsprungen. Vielmehr stellt sie die Institutionalisierung einer Idee

---

erst hier an. Zum Ganzen *Bertram Gordon,* Collaborationism in France during the Second World War, Ithaca 1980.

[41] *Bourdin,* a.a.O., S. 1031; *Josse,* a.a.O., S. 72 f. Konkreter Anlaß für diesen Schritt war die Tatsache, daß Dunoyer de Segonzac kurz vor Weihnachten in einem Kursus für Offiziere Überlegungen über die Pflicht zum Ungehorsam in der Armee vorgetragen hatte.

[42] *Bourdin,* a.a.O., S. 1031. Nach der libération wurde auf Schloß Uriage von Oberst *Xavier de Virieu* sogleich wieder eine Ecole des cadres für Offiziere gegründet; sie bestand nicht lange. Nachruf auf de Virieu bei *Dunoyer de Segonzac,* a.a.O., S. 243 ff.

[43] Die Gruppe zog sich ins Schloß Murinet bei Saint-Marcellin am Fuße der Berge des Vercors zurück, das ein Zentrum des maquis war. Die Gruppe betrieb ihre Arbeit im Umherziehen, weshalb man von „équipes volantes“ sprach.

[44] Siehe die Angaben von *Georges Rebattet* im Sammelband: La Libération de la France, Paris 1976, S. 698 und S. 702.

dar, über die in Frankreich bereits seit langem diskutiert wurde. Diese Tatsache mag in gaullistischer Sicht nicht vorhanden sein. Doch ist man in Frankreich inzwischen zu einer anderen Sicht gelangt, und in dieser Sicht gewinnt auch die Ecole des Cadres von Uriage den ihr zukommenden Platz[45].

Schon in der ersten Hälfte des 19. Jh.s wurde in Frankreich die Frage erörtert, ob man den künftigen Führungskräften der Verwaltung nicht eine besondere Ausbildung angedeihen lassen müsse. Die Frage stand im Zusammenhang mit der Organisation des höheren (genauer: des höchsten) Beamtentums in „grands corps"[46]. Jedes dieser grands corps rekrutierte seine Mitglieder auf der Grundlage von Aufnahmewettbewerben (concours), so wie die Ministerien insgesamt ihren Nachwuchs auf solche Weise rekrutierten. Man kritisierte einerseits den Umstand, daß diese Rekrutierung in sozialer Hinsicht nur scheinbar offen war, andererseits die Tatsache, daß die Rechtsfakultäten nur wenig Unterricht im immer bedeutsamer werdenden Verwaltungsrecht anboten[47].

Es bedurfte der Revolution von 1848, um solche Vorstellungen in die Wirklichkeit umzusetzen[48]. Alsbald jedoch wurde die Schule aufgelöst. Die Niederlage im deutsch-französischen Krieg ließ 1870/71 das Thema wieder aktuell werden: Ein neues Frankreich müsse eine modern ausgebildete Führungsschicht in der Verwaltung haben. Doch wurde keine amtliche Ecole Nationale d'Administration geschaffen, sondern die Ecole Libre des Sciences Politiques, eine private Hochschule, deren Programm auf die hohe Administration zugeschnitten war[49]. Gerade

---

[45] Das ist vor allem das Verdienst von *Guy Thuillier* in seinen Untersuchungen, die zunächst in der „Revue Administrative" erschienen, dann gesammelt, nebst anderen Aufsätzen, in: *Guy Thuillier*, Bureaucratie et Bureaucrates en France au XIXe siècle, Genf 1980. (Siehe dazu die Bemerkungen in: Die Verwaltung 13 [1980], S. 369 ff.)

[46] Also Conseil d'Etat, Cour des comptes, Inspection générale des Finances, Carrière diplomatique und corps préfectoral. Vgl. *Manfred Dauses*, Die „Grands Corps de l'Etat" in Frankreich, AöR 99 (1974), S. 284 ff.

[47] In der französischen Reformdiskussion spielte nicht nur die Staatswirtschaftliche Fakultät in Tübingen eine Rolle, sondern auch *Mohls* Idee einer wirklichen Führungsausbildung. Dazu *Erich Angermann*, Robert von Mohl, 1799 - 1875. Leben und Werk eines altliberalen Staatsgelehrten, Neuwied 1962, S. 47, sowie *Wilhelm Bleek*, Von der Kameralausbildung zum Juristenprivileg, Berlin 1972, S. 240 ff.

[48] Darüber vor allem *Georges Langrod*, L'Ecole d'Administration française 1848 - 1849, Annali della Fondazione italiana per la storia amministrativa 2 (1965), S. 487 ff., sowie *Vincent Wright*, L'Ecole nationale d'Administration de 1848 - 1849: un échec révélateur, Rev. Hist., 1976, S. 21 ff. Über den Entwurf einer Vorläuferin dieser Schule nunmehr *G. Thuillier*, L'E. N. A. avant l'E. N. A.: L'Ecole spéciale des Sciences politiques et administratives de Salvandy (1846), Rev. Adm. 35 (1982), S. 249 ff.

[49] Darüber jetzt eingehend *G. Thuillier*, Les projets d'E. N. A. et de nationalisation de l'Ecole libre des sciences politiques (1876 - 1881), Rev. Adm. 34 (1981), S. 250 ff. und S. 352 ff.

weil sie sich *faktisch* als wichtig für die Vorbereitung auf die concours erwies (bei hoher, nie bestrittener Qualität des Unterrichts), wurde die Kritik am Fehlen einer (öffentlichen) Ecole Nationale d'Administration wieder stärker. Es blieb aber das andere, kaum weniger schwierige Problem bestehen, nämlich daß es an einer vereinheitlichenden Systematisierung des Dienstrechts fehlte und somit die „Parzellierung" der Laufbahnen der Schaffung einer ENA im Wege stand.

Es ist kein Zufall, daß die Diskussion über die ENA wieder in einer Krise des Staates auflebte[50]. Der Erziehungsminister der Volksfront-Regierung, *Jean Zay*, brachte am 1. August 1936 den Entwurf eines Gesetzes ein, das die Regierung ermächtigte, eine ENA zu schaffen und durch Verordnungen das Weitere auszugestalten, insbesondere festzulegen, welche Stellen in der hohen Verwaltung den Absolventen der ENA vorzubehalten seien. Die Regierung setzte zur weiteren Beratung einen interministeriellen Ausschuß ein. Assistent eines Ausschußmitglieds war *Michel Debré*, auditeur am Conseil d'Etat. Im Parlament wurden die Beratungen dieses Vorhabens alsbald sehr politisch. So ging es den einen nur um die Beseitigung der Ecole Libre des Sciences Politiques, anderen nur um die Rettung des Status Quo. An den Extrempositionen fuhr sich die Diskussion fest. Den Ausweg bot allenfalls eine Lösung, mit welcher zwar eine Schule für die künftige Elite der Verwaltung geschaffen wurde, den Absolventen aber keine Ansprüche auf die Besetzung hoher Posten gewährt wurden: Die politische Macht wollte sich die Auswahl der künftigen Spitzenkräfte der haute administration nicht aus der Hand nehmen lassen; sachliche Kritik am Bestehenden erwies sich als machtlos. Der Kriegsausbruch kam den Reformgegnern zur Hilfe.

Das Vichy-Regime griff das Thema der ENA wieder auf, und zwar im direkten Zusammenhang mit der Schaffung eines einheitlichen Dienstrechts („Statut")[51]. Man konnte auch insoweit auf Vorarbeiten zurückgreifen, die eine Expertengruppe von hohen Beamten kurz vor dem Kriegsausbruch geleistet hatte[52]. Dieser Entwurf sah ein „Institut des Hautes Etudes Administratives" vor, das jeder zu durchlaufen hatte, der in einem Ministerium Unterabteilungsleiter oder Abteilungsleiter werden wollte (im Verhältnis von 3 auf 4 offene Stellen). Das Beamtengesetz wurde 1941 in Kraft gesetzt, die Idee der ENA hingegen war

---

[50] Zum folgenden *Thuillier*, Bureaucratie etc., S. 499 ff. und S. 611 ff.

[51] Darüber eingehend: *Guy Thuillier*, Le statut des fonctionnaires de 1941, Rev. Adm. 32 (1979), S. 480 ff.

[52] Siehe *Thuillier*, Bureaucratie etc., a.a.O., S. 642 ff. *Maurice Lagrange* vom Conseil d'Etat war daran sowohl vor dem Kriegsausbruch als auch nachher unter dem Vichy-Regime beteiligt. Lagrange war später Generalanwalt am Europäischen Gerichtshof.

eliminiert worden. Doch wurde 1943 - 1944 wieder ein Entwurf für eine „Ecole de Haute Administration“ ausgearbeitet[53].

Zur gleichen Zeit (Anfang 1943) hatte die im Untergrund gebildete Equipe d'Uriage Überlegungen über eine école des cadres de hauts fonctionnaires ausgearbeitet. Die Hörer sollten, nach einigen Jahren der Praxis, im Alter von 27 - 30 Jahren diese Führungsschule besuchen, die ihren Sitz auf dem Lande zu nehmen hatte. Weiterhin im Geist von Uriage: Das körperliche Training der künftigen Elite soll ebenso gefördert werden wie die Bildung ihres geschichtlichen Bewußtseins, die Einführung in die Anthropologie des 20. Jh.s und die Erziehung zum „sens de l'équipe et sens du commandement“[54].

Inzwischen hatte die Résistance weitere „Denkhilfe“ bekommen. Der zur Résistance gegangene maître des requêtes am Conseil d'Etat Michel Debré hatte Vorstellungen über eine ENA entwickelt[55]. Die Organisation der „Fonctionnaires Résistants“ unterbreitete nach der Libération den Entwurf eines „Institut supérieur d'administration“. Sie wählte eine Studiengruppe, die von *Jean-Jacques Grueber* geleitet wurde und welcher *Léo Hamon, René Capitant* und *Michel Debré* angehörten[56]. Es kam bereits 1945 durch ordonnance der Regierung zur Gründung der ENA, deren Geschichte im einzelnen hier nicht mehr interessiert, wie auch nicht die Entwicklung des französischen Beamtenrechts ab 1945[57]. Aber: Die Skizze der Entwicklung hin zur Schaffung der ENA hat die personellen und ideellen Beziehungen von Uriage einerseits zu den Reformbemühungen der Vorkriegszeit, andererseits zu dem, was noch heute besteht, deutlich gemacht — Kontinuität.

---

[53] Material bei *Thuillier*, Bureaucratie etc., a.a.O., S. 651 ff.

[54] *Thuillier*, ebd., S. 533. Gadoffre hat 1945 an den Arbeiten an der Dienstrechtsreform mitgewirkt. Thuillier meint, diese Ideen der Equipe d'Uriage verdienten eingehende Erörterung. Vgl. *Gilbert Gadoffre et al.*, Vers le Style du XXe Siècle, Paris 1945, S. 170 ff.: Projet d'Ecole des Cadres de hauts fonctionnaires.

[55] Der Conseil d'Etat hatte nach dem Beginn des Frankreich-Feldzuges Paris verlassen. Er nahm im unbesetzten Royat seinen Sitz, um Anfang 1942 nach Paris zurückzukehren. Dazu: Le Conseil d'Etat, son histoire à travers les documents d'époque, 1799 - 1974, Paris 1974, S. 789 ff.

[56] Vgl. *Jean-François Kesler*, La création de l'E. N. A., Rev. Adm. 30 (1977), S. 354 ff., hier S. 359. „Hamon“ ist der in der Résistance verwendete Tarnname des Autors einer namhaften Monographie: *L. Goldenberg*, Le Conseil d'Etat, juge du fait, Thèse Droit Paris 1932.

[57] Darüber die Studie von Kesler sowie, mit etwas irreführenden Titel: *Marie-Christine Kessler*, La politique de la haute fonction publique, Paris 1978, und *Jean-Louis Bodiguel*, Les anciens élèves de l'E. N. A., Paris 1978.

V.

Die anhaltende Wirkung der Ecole des Cadres von Uriage lag zunächst darin, daß etliche ihrer Dozenten in die Résistance gingen bzw. nach 1945 beträchtlichen politischen und geistigen Einfluß in Frankreich ausübten. Insoweit genügt es, daran zu erinnern, daß der esprit d'Uriage in drei maßgeblichen Blättern der Nachkriegszeit nachhaltig wirkte, in *Le Monde, Témoignage chrétien* und *Esprit*. Nicht nur Dozenten der Schule sind nach 1945 in hohe Ränge der Politik, der Administration und der Armee aufgerückt, von der Wissenschaft — wie die vorhin erwähnten Beispiele zeigen — ganz abgesehen. Vielmehr haben auch zahlreiche Teilnehmer der Kurse von Uriage nach dem Krieg in wichtigen Positionen des politischen und des geistigen Lebens Frankreichs gewirkt, manche von ihnen sind auch heute noch aktiv. Von Uriage sind starke Impulse auf die Erneuerung des Katholizismus in Frankreich ausgegangen, bis hin zur Bewegung der Arbeiterpriester. Sowohl in der IV. als auch in der V. Republik kamen Anstöße zur Erneuerung aus Kreisen, die von Uriage beeinflußt worden waren, und es zeigte sich, daß nicht die konkrete politische (vor allem: parteipolitische) Option das Entscheidende war, sondern die in vielen politischen und geistigen Lagern vorwaltende Idee von einem erneuerten Frankreich. *Raymond Josse* konnte deshalb zum Abschluß seiner Studie über Uriage sagen[58], daß die Ecole des Cadres, der Zukunft zugewandt in einem Regime, das sich an der Vergangenheit orientierte[59], wirkungsvoll viel für die Zukunft Frankreichs geleistet habe. Das war die Folge einer Kontinuität der Erneuerungsbewegungen von den Dreißiger Jahren an durch die Niederlage von 1940, durch das Vichy-Regime hindurch bis heute.

Den Deutschen war das nicht beschieden. Ihre Bemühungen um Erneuerung, die schon vor 1930 begannen, bald auch Verbindung zu ähnlichen Bestrebungen in Frankreich aufnahmen[60], wurden ab 1933 teils zerstört, teils vereinnahmt. Dann wurde diese Tradition vergewaltigt, anschließend wurde, nach dem Aufbäumen am 20. Juli 1944[61], auf diese

---

[58] a.a.O., S. 74.

[59] Diese Äußerung dürfte gerade aufgrund der Untersuchungen von Josse selbst zu pauschal sein.

[60] Über diese Zusammenhänge, in denen auch *Otto Abetz*, später Botschafter des Reiches im besetzten Paris, stand, fehlt eine gründliche Untersuchung. Es gibt bislang nur sporadische Hinweise darauf. Die noch vorwaltende Grundtendenz geht dahin, solche Gemeinsamkeiten geradezu zwangsläufig im NS-Regime aufgehen zu lassen bzw. in der „Kollaboration" mit demselben. Im Grunde genommen wäre das ein posthumer Sieg jener Kräfte, gegen die sich die Bestrebungen um Erneuerung wandten. Diese waren der Meinung, daß es ohne Erneuerung dahin kommen müsse, wohin es dann tatsächlich kam, zum 30. Januar 1933 bzw. zum Kriegsausbruch von 1939 mit allen Folgen für das ganze Europa.

Zerreißung der nationalen Kontinuität nach der Katastrophe entweder durch totale Verdammung („Stunde Null") oder durch Vergessen („Wirtschaftswunder") reagiert. Was danach übrig geblieben war, wurde der restlosen Abschaffung durch die amtlich verordnete „neue Bildung" ausgesetzt. Wenn es jetzt den Anschein hat, als bemühe man sich, aus den Trümmern der nationalen Kontinuität zu retten, was noch gerettet werden kann, dann mag die Stunde kommen, in der man die eigenen früheren Bemühungen um stete Erneuerung in einem klareren Lichte zu würdigen vermag. Daß es diese Hoffnung noch (oder wieder) gibt, ist auch der *europäischen* Wirkung jener Männer Frankreichs zu danken, die nach 1945 im Geiste von Uriage tätig waren[62].

---

[61] Es ist hinlänglich bekannt, wie stark am deutschen Widerstand die „Jugendbewegung" (im weiteren Sinne) beteiligt war. Für den Kreis der Sozialisten mögen die Namen von *Leber, Mierendorff* und *Reichwein* stehen.

[62] Schöner Nachruf auf Dunoyer de Segonzac von *J.-M. Domenach* in Le Monde vom 14. März 1968, S. 1 u. 7 (auch in Le vieux chef, a.a.O., S. 232 ff.). Domenach war nach Mouniers Tod Leiter des „Esprit".

Den Nachruf am Grabe Segonzacs sprach *Paul Delouvrier*, hoher Finanzbeamter. Er rühmte Segonzacs „passion de servir". (Le vieux chef, a.a.O., S. 236 f.) Erwähnen wir noch, daß Segonzac als junger Offizier im besetzten Mainz lag und nach dem Zweiten Weltkrieg fünf Jahre bei den französischen Truppen in Trier, Wittlich und Baden-Baden diente.

Rückwirkung der Unwählbarkeit

Spätfolgen eines Ermächtigungsgesetzes

I.

So wie die Weimarer Republik ihr Ende in einem Ermächtigungsgesetz fand, durch das der Regierung die Befugnis zur Verfassungsänderung gegeben wurde, so fand auch die III. Republik Frankreichs auf diese Weise am 10. Juli 1940 ihr Ende[1]. Und so wie zu den Folgen des auf solche Weise eingerichteten neuen politischen Regimes später hierzulande Stellung genommen werden mußte[2], so machte man sich hernach in Frankreich an die Beseitigung der Folgen des Pétain-Regimes. Ein wichtiger Unterschied zwischen den beiden Ländern bestand darin, daß infolge der Rechtslage in Deutschland der Anstoß zur Entnazifizierung vom Alliierten Kontrollrat der vier Siegermächte ausging, während in Frankreich das *eigene* „Gegen-Regime" bereits vor der „Libération" mit den Maßnahmen der „Reinigung" begann.

Im folgenden soll der Frage nachgegangen werden, wie man in Frankreich auf das Verhalten jener 569 Abgeordneten und Senatoren reagiert hat, die 1940 in Vichy dem Ermächtigungsgesetz zugestimmt hatten. Im Vordergrund soll dabei jene Festlegung ihrer *Unwählbarkeit* (zur Nationalversammlung und zu anderen Vertretungskörperschaften) stehen, die erst durch das Amnestiegesetz vom 6. August 1953 beseitigt wurde[3]. Es läßt sich nicht vermeiden, wenigstens in Umrissen Grundzüge dessen aufzuzeigen, was man in Frankreich „épuration" nennt, weil das hier zu erörternde Problem als Teil der Gesamtproblematik der Säuberung betrachtet wurde. Daher muß auch das weite Feld der „Kollaboration" und das der „Résistance" gestreift werden.

---

[1] Es sei verwiesen auf die Studie oben S. 9 ff.

[2] Hier genüge der summarische Hinweis auf Art. 139 GG. Es gibt weder Monographien noch Aufsätze, die sich speziell mit Art. 139 GG befassen, vgl. Grundgesetz-Kommentar, hrsg. v. Ingo v. Münch, Bd. 3, München 1978, S. 1088.

[3] J. O. v. 7. 8. 53, S. 6942.

II.

1. Schon früh hat General *de Gaulle* die Rechtmäßigkeit des Vichy-Regimes bestritten[4]. Sogleich von London aus erklärte er den 16. Juni 1940 zum Stichtag, den Tag also, an dem die Regierung *Reynaud,* in welcher de Gaulle Unterstaatssekretär war, stürzte und der ersten Regierung *Pétain* Platz machte. De Gaulle sah im Verlangen dieser Regierung nach dem Waffenstillstand mit dem Deutschen Reich ein nationales Verbrechen. Damit erklärte er eine Regierung noch der III. Republik für „illegitim", und er hat später die Rechtswirkungen der „Illegitimität" nicht auf den 10. Juli (Ermächtigungsgesetz in Vichy), sondern auf eben diesen 16. Juni datiert[5]. Später, in der berühmten Erklärung im afrikanischen Brazzaville vom 16. November 1940, hat de Gaulle auch das Pétain-Regime als solches für illegitim erklärt. Der juristische Teil dieser Erklärung stammte von *René Cassin,* dem wir alsbald wieder begegnen werden[6].

Bereits im Juli 1940 hatte de Gaulle davon gesprochen, das befreite Frankreich werde jene bestrafen, die für Frankreichs Unglück verantwortlich seien, also die Urheber seiner Knechtschaft. Doch sei das jetzt kein Thema, zunächst müsse der Feind geschlagen werden. Für zwei Jahre verschwand das Thema der Bestrafung aus der gaullistischen Propaganda[7]. Die ersten Rufe nach Bestrafung der Kollaborateure aus den Kreisen der *inner*französischen Résistance wurden im Herbst 1941 laut, nachdem die französischen Kommunisten damit sogleich nach dem Beginn des Rußlandfeldzuges begonnen hatten[8]. Die Kommunisten legten alsbald Schwarze Listen an; andere Widerstandskreise folgten. Solche Listen waren maßgeblich bei den Angriffen auf Anhänger des Vichy-Regimes lange vor der Libération[9].

---

[4] Aus dem noch nicht umfangreichen Schrifttum ist für unsere Zwecke nicht eine französische, sondern eine amerikanische Veröffentlichung am nützlichsten: *Peter Novick,* The Resistance versus Vichy — The Purge of Collaborators in Liberated France, London 1968. Es ist eine sehr sorgfältige Studie; in Frankreich scheint sie wenig bekannt zu sein. An neueren Darstellungen allgemeiner Art seien hier bereits erwähnt: Comité d'histoire de la 2e guerre mondiale: La Libération de la France, Paris 1976, vor allem der Beitrag von *Marcel Baudot,* La répression de la collaboration et l'épuration politique, administrative et économique, S. 759 ff.; vgl. auch *Jean-Pierre Rioux,* La France de la IVe République, Bd. 1: L'ardeur et la nécessité 1944 - 1952, Paris 1980, vor allem S. 49 ff.

[5] In der Ordonnance vom 8. August 1944, J. O. v. 10. 8. 44, S. 688. Dazu oben S. 28 ff.

[6] *Novick,* a.a.O., S. 22 f. Text der Erklärung in der Quellensammlung: Von der Dritten zur Vierten Republik, bearb. v. *E. Walder,* Bern 1950, S. 50. (Künftig zitiert: *Walder.*)

[7] *Novick,* a.a.O., S. 24.

[8] Ebd., S. 25 f.

Anfang August 1943 sprach de Gaulle in Casablanca erstmals von der Bestrafung der „Verräter". Er betonte jedoch, daß dies eine Angelegenheit des *Staates* sei, eine „question d'Etat"[10]. Diese Äußerung beunruhigte gewisse Teile der Résistance. Das Zentralkomitee der „France Combattante" von Nordafrika entwickelte alsbald genauere Vorstellungen: Es sollte zwischen jenen Franzosen unterschieden werden, die lediglich Anordnungen ausführten, ohne auf sie Einfluß nehmen zu können, und den wirklich Verantwortlichen. Die Entscheidungen darüber seien von einem „Reinigungs-Ausschuß" vorzunehmen. In der Folge gingen die Vorbereitungen in dieser Richtung weiter. Die Kommunisten, welche der deutschen Besatzungsmacht ehedem das Wiedererscheinen ihrer Zeitung „Humanité" angeboten hatten, lobten diese Bemühungen, die endlich einen „esprit de guerre" zeigten[11]. Am 3. Juni 1943 war als „Staatsorgan" das „Comité français de la Libération Nationale", dem das „Comité national" vorausgegangen war[12], geschaffen worden[13], am 6. August dessen „Comité juridique"[14]. Am 17. September 1943 folgte die Schaffung der „Assemblée consultative provisoire"[15].

Als man in Nordafrika einige Prominente des Vichy-Regimes verhaftete, mit denen die Briten und Amerikaner nach der Landung im November 1942 zusammengearbeitet hatten, wurden diese unruhig. Sowohl *Churchill* als auch *Roosevelt* schalteten sich ein. Offenbar unterschätzten sie de Gaulle, weil dieser noch mit Rivalen um die Führung des „Freien Frankreich" zu kämpfen hatte[16]. Churchill schrieb dem

[9] Das Anlegen von Proskriptionslisten scheint vielen Menschen immer wieder Vergnügen zu bereiten. Hier bleibt für die Anthropologen und für die Psychologen noch viel zu tun. Vermutlich wird niemand es anpacken, es hängt mit der Eigenart dieses Themas zusammen.

[10] *Novick*, a.a.O., S. 49.

[11] Ebd. Auf das weitläufige Problem der Rolle der KPF nach dem Abschluß des Hitler-Stalin-Paktes bis zum 22. Juni 1941 kann hier nicht eingegangen werden. Diese Rolle ist nach wie vor wissenschaftlich „unterbelichtet". Zur Angelegenheit der „Humanité" jetzt *Herbert R. Lottman*, La Rive gauche — Du Front populaire à la guerre froide, Paris 1981, S. 233 f.

[12] Ordonnance v. 24. 9. 41 (*Walder*, S. 54; Text auch bei *L. Duguit / H. Monnier / R. Bonnard / G. Berlia*, Les Constitutions et principales lois politiques de la France depuis 1789, 7e ed., Paris 1952, S. 405. (Künftig zitiert: *Berlia.*)

[13] J. O. v. 10. 6. 43 (*Berlia*, S. 425; *Walder*, S. 67). Zur Entwicklung der Politik de Gaulles allgemein: *Jean Petot*, Les grandes étapes du régime républicain français (1792 - 1969), Paris 1970, S. 584 ff.

[14] *Berlia*, S. 430 (J. O. v. 12. 8. 42, S. 64).

[15] Ebd., S. 432; *Walder*, S. 73 (J. O. v. 23. 9. 43, S. 139). Zur Assemblée Näheres später.

[16] Es sei hier nur an den Kampf um die Macht zwischen *Darlan, Giraud* und *de Gaulle* erinnert. Darlan fiel einem Attentat zum Opfer, mit Giraud mußte de Gaulle geraume Zeit die Macht im Comité français de la Libération nationale teilen, bis es de Gaulle gelang, den ranghöheren General auszuschalten, vgl. nur *Novick*, a.a.O., S. 41 ff.

amerikanischen Präsidenten, daß Frankreich nur durch britische und amerikanische Truppen befreit werden könne. Es könne nicht zugelassen werden, daß hinter diesem Schild eine Handvoll Emigranten den Bürgerkrieg nach Frankreich brächten[17]. Doch wurden Verfahren gegen Pétainisten nicht verhindert; der frühere Vichy-Innenminister *Pucheu* wurde hingerichtet.

Nach der Landung der Briten und Amerikaner in der Normandie am 6. Juni 1944 begann die Libération des Mutterlandes. Bereits am 21. April 1944 war die Ordonnance portant organisation des pouvoirs publics en France après la Libération erlassen worden. Sie bezog sich auf die Gemeindeverwaltung und die Verwaltung der Departements, wohingegen die neue Organisation des Staates einer verfassunggebenden Nationalversammlung vorbehalten sein sollte, die spätestens ein Jahr nach der vollständigen Befreiung des Landes mittels normaler Wahlen einzuberufen war[18].

2. Bevor die Bedeutung dieser Vorschrift für das Thema der Unwählbarkeit der „Ja-Sager" von Vichy erörtert wird, soll einiges zur Epuration im allgemeinen bemerkt werden[19].

Die Ordonnance vom 27. Juni 1944 legte die Säuberung für den gesamten öffentlichen Dienst fest, einschließlich der Justiz und der öffentlichen Unternehmen[20]. Parallel dazu konnten Angehörige des öffentlichen Dienstes durch Entscheidungen der besonderen *cours de justice* sowie der *chambres civiques* betroffen werden, die für alle betreffenden Bürger die „nationale Unwürdigkeit" festlegen konnten. Wer davon betroffen wurde, war zugleich Betroffener der Säuberung des öffentlichen Dienstes. Für diese Säuberung wurden von den Ministerien

[17] *Novick*, a.a.O., S. 55, anhand amtlicher Veröffentlichungen.

[18] Abgedruckt bei *Berlia*, S. 443; *Walder*, S. 85 (J. O. v. 22. 4. 44). Mit Ordonnance vom 3. Juni 1944 (*Berlia*, S. 450; *Walder*, S. 93; J. O. v. 8. 6. 44) wurde das von de Gaulle gelenkte Comité français de la Libération nationale umbenannt in: Gouvernement provisoire de la République française.

[19] Die beste zusammenfassende Darstellung bei *Novick*, a.a.O., wichtig ferner *Baudot*, a.a.O. Neue zusammenfassende Darstellungen der Kollaboration in den bereits zitierten Werken von *Gordon* und *Tournoux*. Unentbehrlich noch immer das ältere Werk von *Robert Aron*, zitiert nach der Ausgabe: Histoire des années 40, Paris 1977 (10 Bände, hier ab Bd. 6). Wichtig auch die Erinnerungen von *Robert Aron*, Fragments d'une vie, Paris 1981, sowie diejenigen des deutschen Zensuroffiziers *Gerhard Heller*, Un allemand à Paris 1940 - 1944, Paris 1981. Mit einschlägigem Material auch *Paul Gerbod et al.*, Les Epurations administratives (XIXe et XXe siècles), Genf 1977. Die Epuration erstreckte sich auf alle Lebensbereiche, also auch auf die private Wirtschaft.

[20] Vgl. *Novick*, a.a.O., S. 80 ff. Im eigentlichen Staatsdienst wurden von fast 1 Million Bediensteten 11343 mit Sanktionen belegt, mehr als 5000 wurden aus ihren Ämtern entfernt. (*Novick*, a.a.O., S. 90). Siehe auch die Angaben bei *Claude Goyard*, La notion d'épuration administrative, in: Gerbod et al., a.a.O., S. 24 ff.

Ausschüsse eingerichtet. Diese machten Vorschläge, über die der zuständige Minister zu entscheiden hatte[21]. Die Säuberungen hatten unterschiedliche Ausmaße. Das entsprach wohl auch den Gegebenheiten[22].

Die Entscheidungen betreffend die Säuberung unterlagen der Rechtskontrolle durch den Conseil d'Etat. Dieser selbst unterlag ebenfalls der Säuberung[23]. Der Conseil d'Etat war über Jahre hinaus in erheblichem Umfang mit der Rechtskontrolle der Säuberung befaßt, zumal es damals noch keine erstinstanzlichen Verwaltungsgerichte gab. Im allgemeinen geht die Beurteilung dieser Rechtsprechung des Conseil d'Etat dahin, daß er sich bemüht habe, die rechtsstaatlichen Maßstäbe zu wahren. Daß der Conseil d'Etat im Laufe der Zeit die rechtsstaatlichen Anforderungen an die Säuberung verschärfte, sollte kaum verwundern[24]. Für die französische Verwaltungsrechtsdogmatik war es bedeutsam, daß der Conseil d'Etat die Rechtsgeltung der „principes généraux du droit", d. h. der allgemeinen rechtsstaatlichen Grundsätze, betonte, vor allem im Hinblick auf den Verfahrensgrundsatz des rechtlichen Gehörs[25].

Man wird die Versuche, in der épuration *keinen* Verstoß gegen das Verbot belastender rückwirkender Gesetze zu sehen, als mißlungen würdigen dürfen. (In unserem Zusammenhang ist darauf zurückzukommen.) Plausibler war die Erklärung, die Durchbrechung eines rechtsstaatlichen Grundsatzes sei von der Sache her geboten, so wie Art. 139 GG damit eine klare Aussage macht, daß die zur „Befreiung des deutschen Volkes vom Nationalsozialismus und Militarismus" erlassenen Rechtsvorschriften von den Bestimmungen des Grundgesetzes nicht berührt werden. Doch sollten weder in Frankreich noch in Deutschland die Betroffenen *völlig* rechtlos gestellt werden. In Frankreich wurden die Folgen solcher Ausnahmen von Grundsätzen deutlich[26], als das Land

---

[21] *Novick*, a.a.O., S. 86 ff.

[22] Ebd., S. 89 ff.

[23] Vgl. den Gedenkband: Le Conseil d'Etat, son histoire à travers les documents d'époque, 1799 - 1974, Paris 1974, S. 824 f.

[24] Vgl. etwa *Danièle Loschak*, Le rôle politique du juge administratif français, Paris 1972, S. 291 ff.

[25] Dazu vor allem *Benoît Jeanneau*, Les principes généraux du droit dans la jurisprudence administrative, Paris 1954, S. 81 ff. Diese juristische Konstruktion erlaubt es in jenen Staaten, die keine Verfassungsgerichtsbarkeit haben, den Verwaltungsgerichten, solche Grundsätze mit *Gesetzes*rang zu versehen, so daß sie von den Verwaltungsgerichten gewahrt werden können.

[26] Hier sei noch die Ordonnance vom 6. Juli 1943 erwähnt, die für alle Straftaten nach dem 10. Juni 1940 Straffreiheit gewährt, die die Absicht hatten, „de servir la cause de la Libération de la France". (Vgl. *Georges Ripert*, Le déclin du droit, Paris 1949, S. 149). Das entspricht der Gesetzgebung des nationalsozialistischen Staates, vor allem der Verordnung des Reichspräsidenten über die Gewährung von Straffreiheit vom 21. März 1933 (RGBl. I S. 134). Wir gehen weiter unten auf den Gesamtkomplex näher ein.

in die Algerienkrise geriet, die letztlich zum Übergang in die V. Republik führte[27].

III.

1. Der bereits erwähnten Ordonnance vom 21. April 1944 betreffend die Unwählbarkeit derjenigen Parlamentarier, die 1940 in Vichy dem Ermächtigungsgesetz zugestimmt hatten, waren lebhafte Diskussionen in den Reihen des Widerstandes vorausgegangen. Sie galten zwar vornehmlich der zu schaffenden „Assemblée consultative provisoire" (vor der Libération des Mutterlandes), wurden aber auch für die spätere Rechtssetzung betreffend die Unwählbarkeit der „Ja-Sager" von Vichy maßgebend.

André Philip, ein „Nein-Sager" von Vichy, wurde vom Comité Français de la Libération Nationale (C. F. L. N.) beauftragt, Vorschläge zu entwickeln. Er trat dafür ein, daß sämtliche Abgeordnete und Senatoren, die für das Ermächtigungsgesetz gestimmt hatten, nicht Mitglieder der vorläufigen beratenden Versammlung werden könnten, wohl aber die (80) damals mit „Nein" Stimmenden sowie diejenigen, die sich in Vichy der Stimme enthalten hatten oder die nicht anwesend gewesen waren[28]. Das hätte einen großen Teil der früher, in der III. Republik Tätigen vom Aufbau des „neuen" Frankreich ausgeschlossen. Da jedoch de Gaulle und andere Kräfte des Widerstandes keine Kluft zwischen die Politiker „drinnen" und diejenigen „draußen" legen, vielmehr im Rahmen des Möglichen eine umfassende Einheit des Widerstandes herstellen wollten, wurde in Art. 8 der Ordonnance vom 17. September 1943 betreffend die Assemblée consultative provisoire festgelegt: Unter anderen sind ausgeschlossen die „Ja-Sager" vom 10. Juli 1940 in Vichy[29]. Davon kann abgesehen werden, wenn die Betreffenden sich später rehabilitiert (d. h. bewährt) haben „par leur participation directe et active à la Résistance". Darüber befindet durch Beschluß nicht ein Gericht im üblichen Sinne, sondern der Conseil national de la Résistance (C. N. R.), die „Regierung des Widerstandes"[30].

---

[27] Zum Ganzen auch *Otto Kirchheimer,* Politische Justiz, Neuwied 1965, S. 460 ff. und S. 633 ff., sowie *Alain Noyer,* La Sûreté de l'Etat (1789 - 1965), Paris 1965, S. 128 ff.

[28] *Novick,* a.a.O., S. 96.

[29] Hier ist noch zu erwähnen, daß der Assemblée consultative provisoire auch 20 Deputierte und Senatoren gemäß dem Kräfteverhältnis in der Nationalversammlung zur Zeit des Kriegsausbruchs (3. 9. 39) angehören sollten. Damit hatte man das Problem gelöst, das aus dem seinerzeit fast einstimmig beschlossenen Mandatsverlust jener resultierte, die der KPF angehörten. Dazu oben S. 18 ff. Zur strafrechtlichen Amnestie für den 1940 fahnenflüchtigen hohen KPF-Funktionär *Maurice Thorez* weiter unten.

[30] *Berlia,* S. 432; *Walder,* S. 73 (J. O. v. 23. 9. 43). Die Assemblée consultative provisoire war ein Beratungsgremium für das C. F. L. N., es konnte

Die Ordonnance vom 21. April 1944 greift für die Vertretungskörperschaften der Gemeinden und der Departements Frankreichs diese Regelung entsprechend auf[31]. Der zuständige Präfekt kann jedoch das Hindernis der Unwählbarkeit der betroffenen Parlamentarier beseitigen, wenn das „Comité départemental de Libération" (ebenfalls kein Gericht) feststellt, daß der Betroffene direkt und aktiv die Résistance unterstützt hat[32].

Einige Wochen nach der Befreiung von Paris im August 1944 wurde die provisorische beratende Versammlung erweitert. So wurde die Zahl der ihr angehörenden früheren Abgeordneten und Senatoren von 20 auf 60 erhöht. Da sich diese Gruppe gemäß dem politischen Kräfteverhältnis in der *Kammer* vom 3. 9. 1939 zusammensetzen sollte, mußten die 80 „Nein-Sager" von Vichy schon aus diesem Grunde zu kurz kommen. Selbstverständlich wurden von den „Ja-Sagern" nur die Rehabilitierten zugelassen[33].

2. Nicht zuletzt der Umstand, daß die hohe Dezentralisierung der Entscheidungen über die Unwählbarkeit der „Ja-Sager" von Vichy bzw. über ihre Aufhebung sehr unterschiedliche Ergebnisse brachte, führte zu einer Änderung der Ordonnance vom 21. 4. 1944. Mit Ordonnance vom 6. April 1945 wurde Wichtiges geändert[34]. Zunächst fällt auf, daß die Rehabilitation für jene in Vichy kompromittierten Parlamentarier gelten soll, die später „ont participé à la lutte contre l'ennemi ou l'usurpateur". Das ist wohl etwas anderes, schwächeres als die „direkte und aktive Beteiligung an der Résistance". Entscheidend aber wurde, daß über solche Rehabilitationen eine „jury d'honneur" (etwa: Ehrengericht) befinden sollte. Sie setzte sich zusammen aus dem Vizepräsidenten des Conseil d'Etat als Vorsitzendem, sowie dem Kanzler des Ordens de la Libération und dem Präsidenten des Conseil National de la Résistance. Ihre dortigen Stellvertreter waren auch Stellvertreter in der jury d'honneur[35].

also nicht von sich aus tätig werden. Über den C. N. R. eingehend: *R. Hostache*, Un gouvernement clandestin: Le Conseil National de la Résistance et la Délégation Générale en France du Comité d'Alger, Rev. Int. Hist. pol. et constit., N. S. no 23, 1956, S. 153 ff.

[31] Im einschlägigen Art. 18 wird unter c) die Wendung gebraucht „ayant abdiqué leur mandat". Demnach soll der „Ja-Sager" sein Mandat niedergelegt, soll er abgedankt haben. Das ist eine interessante rechtliche Konstruktion. Offenbar soll sie dazu dienen, die Rückwirkung dieser Bestimmung zu umgehen.

[32] *Berlia*, S. 443; *Walder*, S. 85 (J. O. v. 22. 4. 44). Genau genommen handelte es sich nicht um die Wählbarkeit im üblichen Sinne, weil die provisorische beratende Versammlung nicht aus allgemeinen Wahlen hervorging, sondern auf Benennungen durch bestimmte Organisationen beruhte.

[33] *Novick*, a.a.O., S. 98 ff.

[34] *Berlia*, S. 473 (J. O. v. 7. 4. 45).

Die jury d'honneur konnte vom Betroffenen angerufen werden. Sie konnte aber auch von Amts wegen tätig werden, falls sie von der Kandidatur des Betroffenen zu Wahlen oder von seiner Wahl Kenntnis erhielt. Die Entscheidung des Ehrengerichts war zu begründen. Es wurde bestimmt, daß diese Entscheidung „n'est susceptible d'aucun recours". (Auf diese Regelung, die jedweden Rechtsbehelf auszuschließen scheint, ist zurückzukommen.) Die Entscheidung der jury d'honneur war vom Innenminister unverzüglich im *Journal Officiel* (Gesetzblatt) zu veröffentlichen.

Gegen Ende des Jahres 1945 hatte die jury d'honneur alle Fälle abgeschlossen. Im Jahre 1946 fanden nur noch Wiederaufnahmeverfahren statt (Vorbringen neuer Tatsachen). Im Oktober 1946 löste sich die jury d'honneur auf. Weitere Ordonnances und Gesetze erstreckten die Unwählbarkeit der „Ja-Sager" von Vichy bis hin zu den Parlamentswahlen im Jahre 1951. Das Amnestiegesetz von 1953 beseitigte diesen (absoluten) Grund der Unwählbarkeit[36]. Es sei noch erwähnt, daß jene Entscheidungen über die Rehabilitation unberührt blieben, die vor der Verkündung dieser Ordonnance (7. 4. 45) ergangen waren.

Die jury d'honneur erledigte Verfahren von insgesamten 416 Abgeordneten und Senatoren, die 1940 in Vichy dem Ermächtigungsgesetz zugestimmt hatten. 114 von ihnen wurden rehabilitiert, immerhin 27 %. Von den Präfekten waren im Hinblick auf die lokalen und regionalen Wahlen insgesamt 58 „Ja-Sager" rehabilitiert worden. Im Ganzen gab es mithin die beachtliche Zahl von 172 Rehabilitationen bei 569 „Ja-Sagern" in Vichy[37].

Ein klassisches Beispiel von *Einzelfallgesetz* bildet das Gesetz vom 4. Oktober 1946 betreffend die Unwählbarkeit[38]. Nach Lage der Sache konnte dies nur der bekannte Politiker *Pierre-Etienne Flandin* sein. Er war bereits vor 1939 einflußreich, in Vichy aber auch Minister, um dann in Nordafrika mit den Briten und Amerikanern gegen die Achsenmächte zusammenzuarbeiten. Er wurde von der Haute Cour de Justice zur nationalen Unwürdigkeit verurteilt, später jedoch davon befreit[39].

---

[35] Die Personen: *René Cassin,* mittlerweile Vizepräsident des Conseil d'Etat, *Louis Saillant* und Admiral *Thierry d'Argenlieu.* Diese beiden ließen sich stets durch *Maxime Blocq-Mascart* bzw. *A. Postel-Vinay* vertreten, siehe *Novick,* a.a.O., S. 101 Anm. 14.

[36] Zur Unwählbarkeit allgemein *Julien Laferrière,* Manuel de Droit Constitutionnel, 2. Aufl., Paris 1947, S. 658 ff.

[37] Siehe das sorgfältig zusammengestellte Material bei *Novick,* a.a.O., S. 104/105.

[38] *Berlia,* S. 540 (J. O. v. 10. 10. 46).

[39] Die Sondergerichte konnten die dégradation nationale, die Unwürdigkeit aussprechen, später kamen weitere Rechtloserklärungen hinzu, wie Vermögenseinziehung, Sondersteuer, Aberkennung von Kriegsentschädigung usw.

Um der jury d'honneur den Weg zur Beseitigung von Flandins Unwählbarkeit rechtlich zu versperren, erging das Gesetz der verfassunggebenden Nationalversammlung vom 4. Oktober 1946. Es hat teilweise scharfe Kritik erfahren, konnte aber wegen Fehlens einer Verfassungsgerichtsbarkeit nicht rechtlich angegriffen werden.

3. Die jury d'honneur hat in ihren Entscheidungen eine reichhaltige Sammlung von Rehabilitationsgründen aufgeführt. Sie stellen wertvolles Material für die Geschichtsschreibung dar, freilich auch im Hinblick auf die Wertungen der Jury selbst[40]. Der vorhin erwähnte Ausschluß von Rechtsbehelfen gegen die Entscheidungen der jury d'honneur konnte jedoch nicht bedeuten, daß überhaupt kein Rechtsbehelf zulässig sei. In einer berühmt gewordenen verwaltungsgerichtlichen Entscheidung vom 7. Februar 1947 hat der Conseil d'Etat im Wege des recours en cassation dazu Stellung genommen[41]. Das war zwar nicht die übliche Anfechtungsklage; wohl aber die Überprüfung einer rechtsprechenden Tätigkeit in Gestalt der Revision[42].

Der Conseil d'Etat stellte fest, daß die jury d'honneur eine rechtsprechende Tätigkeit ausübe. Da es sich dabei um eine solche auf verwaltungsrechtlichem Gebiet handele, sei der Conseil d'Etat für den recours en révision zuständig. Der Wortlaut der Ordonnance verwende zwar den Ausdruck „recours", indem er *diesen* Rechtsbehelf ausschließe; doch sei der „recours *en cassation*" nur bei klar ausgedrücktem Gegenteil ausgeschlossen.

Der Conseil d'Etat konnte, wollte er sich für zuständig erklären, nur diesen Weg wählen. Da der normale recours in der Ordonnance vom

Ripert, a.a.O., S. 121, erinnert an die „Ächtung" des NS-Rechts. (*Roland Freisler* konnte sich bestätigt fühlen.)

[40] Siehe den Bericht bei *Novick*, a.a.O., S. 101 ff.

[41] C. E. 7 févr. 1947, d'Aillières, Rec. 50 (RDP 1947.68 concl. Odent, note Waline; J. C. P. 1947.II.3508, note Morange), hier zitiert nach *M. Long / P. Weil / G. Braibant*, Les grands arrêts de la jurisprudence administrative, 7. Aufl., Paris 1978, S. 303 ff.

Der Conseil d'Etat war im Juni 1940 in das unbesetzte Frankreich gegangen und hatte im September dieses Jahres seine Tätigkeit im Badeort Royat in der Nähe Vichys wieder aufgenommen. Ende Juni 1942 ging er wieder nach Paris. (Ihm gehörte u. a. *Michel Debré* an, résistant.) Am 12. Oktober 1944 versammelte er sich erstmals nach der Libération. Das *Comité juridique* des C. F. L. N. (Vorsitz: *Cassin*) trat letztmals am 1. August 1945 zusammen, um dann im Conseil d'Etat aufzugehen, der seinerseits epuriert und reformiert worden war. Es ist hervorzuheben, daß im Gegensatz zum Üblichen die Organe der Libération niemals in die Arbeit des Conseil d'Etat eingegriffen haben. Zum Ganzen: Le Conseil d'Etat, a.a.O., S. 785 ff.

[42] Statt vieler: *Wilhelm Lücking*, Die Grundlagen der französischen Verwaltungsgerichtsbarkeit, Würzburg 1955, S. 99 f., und *Hans Reinhard*, Der Staatsrat in Frankreich — Funktionen als Gutachter und oberstes Verwaltungsgericht, in: Jahrbuch des Öffentlichen Rechts, N. F. 30 (1981), S. 94 f.

21. April 1944 ausdrücklich ausgeschlossen worden war, mußte der Conseil d'Etat die Tätigkeit der jury d'honneur als *Rechtsprechung* ansehen. Eine gewisse Pikanterie liegt darin, daß Vorsitzender der jury d'honneur just der Vizepräsident des Conseil d'Etat war[43]: Ein Zeichen der Unabhängigkeit dieser Institution auch in jenen turbulenten Zeiten[44]. Der Conseil d'Etat ließ sich auch nicht vom Commissaire de gouvernement *(Odent)* überreden, es handele sich bei den Entscheidungen der jury d'honneur nicht um Rechtsprechung auf dem Gebiet der Verwaltung, vielmehr um eine Rechtsprechung im Bereich der Politik, wie z. B. die der Haute Cour de Justice, des Sonder-Staatsgerichtshofs, die zu überprüfen dem Conseil d'Etat verwehrt sei[45]. Die lakonische Art, die berühmte imperatoria brevitas, mit welcher der Conseil d'Etat seine Entscheidungen zu begründen pflegt, hat ihm den Eintritt in seine Zuständigkeit erleichtert[46].

Dann führte der Conseil d'Etat zur Sache aus: Auch wenn die jury d'honneur von Amts wegen tätig werden könne, so müsse sie, auch ohne ausdrückliche Verpflichtung, die Verfahrensregeln beachten, soweit sie nicht ausdrücklich ausgeschlossen oder mit der Organisation solcher Rechtsprechung unvereinbar seien. Daher habe die jury d'honneur den Betroffenen von der Aufnahme des Verfahrens zu informieren und ihm rechtliches Gehör zu gewähren. Da dies nicht geschehen sei, werde der Beschluß der jury aufgehoben und die Sache zur erneuten Entscheidung zurückverwiesen.

IV.

1. Die Erklärung der Unwählbarkeit der „Ja-Sager" von Vichy stößt sogleich auf das Problem der *unzulässigen Rückwirkung*. Wollte die Résistance sich nicht offen zur Rückwirkung bekennen, so mußte man, wie im Hinblick auf alle anderen Säuberungsmaßnahmen, juristische Konstruktionen aufbauen.

---

[43] Präsident des Conseil d'Etat ist de jure der Ministerpräsident (in seiner Vertretung der Justizminister), doch ist de facto der Vizepräsident der „Chef" des Staatsrats.

[44] So schon früh mit einer viel beachteten Äußerung *Marcel Waline*, L'action du Conseil d'Etat dans la vie française, in: Livre Jubilaire du Conseil d'Etat, Paris 1952, S. 136. Ferner *Aron*, a.a.O., Bd. X, S. 404 ff.

[45] Die Haute Cour de Justice war mit Ordonnance vom 18. November 1944 eingerichtet worden (*Berlia*, S. 466, J. O. v. 19. 11. 44). Sie sollte über die Minister des Vichy-Regimes und seine hohen Beamten richten. Für niedere Personen wurden spezielle Cours de justice und Chambres civiques eingerichtet, siehe nur *Noyer*, a.a.O., S. 119 ff., sowie *Novick*, a.a.O., S. 150 ff. Die Liste der Entscheidungen der Haute Cour ebd., S. 222 ff., der Cours de justice (einschließlich der Chambres civiques) S. 216 ff.

[46] Im Einzelnen die Urteilsanmerkung bei *Long / Weil / Braibant*, a.a.O., S. 304 ff.

a) Unproblematisch waren diejenigen Fälle, in denen gegen Gesetze verstoßen wurde, die am 16. Juni 1940 (dem Tag des Beginns der „Illegitimität") in Kraft waren. Hier konnte man mit (noch vertretbarer) extensiver Interpretation rechtlich vielleicht einiges einfangen von dem, was man nunmehr politisch für strafwürdig hielt. Doch schon die Ausdehnung des *Staatsschutzes* auf Frankreichs Alliierte durch décret-loi vom 23. September 1939 warf Schwierigkeiten auf; denn dies konnte nur für Frankreichs Alliierte bis zum Waffenstillstand mit dem deutschen Reich am 22. Juni 1940, also lediglich für Großbritannien gelten. Nur mithilfe der Konstruktion, daß de Gaulle legitim für Frankreich weitergekämpft habe und der Waffenstillstand (den nicht das Vichy-Regime geschlossen hatte) demgemäß ebenfalls nichtig war, konnte man spätere Verbündete des „freien Frankreich" in jene strafrechtlichen Vorschriften einbeziehen[47]. Gleichwohl war es damit kaum möglich, die „großen Kollaborateure" zu belangen.

b) Für Sanktionen wie die nationale Degradierung wegen Unwürdigkeit brachte man das Argument vor, es handele sich um die Anwendung des zulässigen Grundsatzes der lex mitior, wonach das mildere Gesetz rückwirken dürfe[48]. Die Rechtslage insgesamt aber schloß das Argument durchwegs schon deshalb aus, weil diese „mildere" Maßnahme andere Sanktionen nicht ausschloß.

c) Ein weiterer Versuch, das Problem der Rückwirkung zu lösen, bestand darin, Säuberungsakte nicht als Strafe, sondern als Maßnahme der Sicherung anzusehen, für die das Verbot der Rückwirkung nicht gelte. Der Zweck der Sicherung sei es, das „neue" Frankreich von „diesen Elementen" freizuhalten[49]. Doch abgesehen von anderen Bedenken muß dieses Argument auf den Einwand stoßen, daß die Maßnahme der Sicherung nicht ohne die eigentliche Tat verhängt werden dürfe, und eben diese ließ sich ohne Verstoß gegen das Verbot der Rückwirkung nicht festlegen[50].

d) Die Begründung der Ordonnance vom 26. August 1944 versuchte es anders: Die Betroffenen hätten sich durch ihr Verhalten selbst de-

---

[47] *Novick*, a.a.O., S. 144 f. Für Großbritannien konnte das durch Auslegung gelingen. Andere Verbündete wurden einbezogen durch die Ordonnance vom 26. Juni 1944. Damit wurden durch „interpretatorische Norm" Franzosen strafbar, die in Afrika gegen die Amerikaner und im Osten gegen die Russen gekämpft hatten.

[48] Dieses Argument wurde vor allem von *René Cassin* vorgebracht. Dazu *Ripert*, a.a.O., S. 177 f., sowie *Louis Rougier*, La France à la recherche d'une constitution, Paris 1952, S. 7 ff.

[49] Vgl. *Ripert*, a.a.O., S. 177.

[50] Zu den Versuchen, die Säuberung der Verwaltung als Disziplinarmaßnahmen zu betrachten: *Goyard*, a.a.O., S. 14 ff. Interessant im deutschen Recht: BVerfGE 7, S. 129 ff. *(Schörner)*.

gradiert. Demgemäß, so darf man im Anschluß von Ausführungen des „provisorischen" Justizministers im C. F. L. N. fortfahren, stellen die zuständigen Instanzen wie die jury d'honneur lediglich (deklaratorisch) fest, daß sich der Betreffende selbst in den Status („état") der Unwürdigkeit versetzt habe[51]. Es handele sich, so meint die Begründung der Ordonnance, auch nicht um einen Verstoß gegen das Prinzip der Gleichheit. Mithin, so darf man fortfahren, müsse Ungleiches ungleich behandelt werden; denn die betroffenen Bürger hätten sich selbst aus dem Kreis der guten Bürger Frankreichs entfernt und einen solchen der schlechten Bürger hergestellt[52].

Immerhin hatte der Berichterstatter der Assemblée consultative provisoire gesagt, der Versuch der Regierung, den Charakter der Ordonnance als rückwirkend zu bestreiten, sei ein rein verbales Kunststück („artifice")[53]. Man wird dem nur zustimmen können, vor allem im Hinblick auf die Begründung der Ordonnance, wonach sich der Betreffende selbst degradiert habe. Das bedarf in normalen Zeiten wohl keiner weiteren Würdigung.

2. Für den konkreten Fall der Unwählbarkeit der „Ja-Sager" von Vichy hat *Robert Aron* folgendes vorgetragen[54]:

a) Es handelt sich bei dieser Sanktion um einen Verstoß gegen den Verfassungsgrundsatz der *Indemnität.* Dieser sei ständiger Teil des französischen Verfassungsrechts gewesen. Bereits am 23. Juni 1789 habe die Nationalversammlung beschlossen, daß der Verstoß gegen diesen Grundsatz als Verrat an der Nation mit der Todesstrafe geahndet werden müsse. Dieser Grundsatz habe auch für die Verfassung der III. Republik gegolten, die am 10. Juli 1940 noch in Kraft gewesen sei. Er sei auch von den Organen des „freien Frankreich" beansprucht worden[55]. Man darf hinzufügen, daß die Berufung darauf, die Illegitimität der Staatsorgane habe bereits am 16. Juni 1940 begonnen, einen Widerspruch enthält; denn dann müßten die Stimmenthaltungen in

---

51 *Novick*, a.a.O., S. 146 f.

52 Die Begründung selbst spricht von „guten" und „schlechten" Bürgern. Das ist keine bloße Meinungsäußerung, sondern Ausgangspunkt für Sanktionen. Der politische Manichäismus ist evident. Vgl. auch *Jean Rivero*, Les libertés publiques sous la Quatrième République, im Sammelband: La Quatrième République. Bilan 30 ans après la promulgation de la Constitution du 27 Octobre 1946, Paris 1978, S. 29. *Alain Peyrefitte*, Le Mal français, Paris 1976, S. 424, spricht in diesem Zusammenhang von „notre manichéisme traditionnel".

53 Siehe *Novick*, a.a.O., S. 146; *Rougier*, a.a.O., S. 8.

54 *Robert Aron* war 1940 untergetaucht und flüchtete 1942 über Spanien nach Algier. Seine Leistung besteht darin, daß er die Geschichte Frankreichs von 1940 - 1950 nicht als Sieger schrieb.

55 *Aron*, a.a.O., Bd. X, S. 431 ff.

Vichy und auch die „Nein-Stimmen" als rechtlich (und politisch-moralisch) bedeutungslos betrachtet werden, woran keiner der Anhänger dieser These je dachte.

b) Aron (wie auch andere) meint, es habe hier ein Verstoß gegen den Grundsatz *nullum crimen (nulla poena) sine lege* vorgelegen[56]. Die Replik, es habe sich hier nicht um eine Strafe gehandelt bzw. um die rückwirkende Festlegung einer „Belastung", dürfte aus den vorhin erwähnten Gründen nicht durchgreifen.

3. So bleibt nur noch die Frage, ob es nicht doch einen ungeschriebenen Grundsatz des geltenden französischen Verfassungsrechts gegeben habe, nach dem die Zustimmung zu einem Ermächtigungsgesetz wie dem am 10. Juli in Vichy beschlossenen rechtswidrig sein müsse (crimen) *und* nach welchem als Sanktion auf diesen Rechtsverstoß (poena) der Verlust der Unwählbarkeit vorgesehen sei.

a) Hierzu sei vorab bemerkt, daß die Entscheidung der Ordonnance vom 9. August 1944, nicht den 10. Juli, sondern den 16. Juni 1940 zum alles entscheidenden Stichtag zu machen, dem hier zu diskutierenden Argument eine Falle stellt, aus der es keinen Ausweg gibt. Was kann am 10. Juli noch Rechtswirkung haben, wenn die Illegitimität bereits am 16. Juni eingetreten sein soll? Hier rächt es sich, daß de Gaulle die Legitimität des eigenen Handelns am 16. Juni beginnen lassen wollte, nicht aber am 10. Juli. Für die Ordonnance vom 9. August 1944 war nicht die Illegitimität der Zustimmung zum Ermächtigungsgesetz am 10. Juli, sondern de Gaulles eigene Legitimität ab dem 16. Juni entscheidend. Den Mut, sich zur (rechtlichen) Revolte in der Zeit zwischen dem 16. Juni und dem 10. Juli 1940 zu bekennen, brachte de Gaulle nicht auf. Eine solche Rechthaberei kann man nur bestaunen.

b) Unabhängig von dieser Frage ist zu prüfen, ob es am 10. Juli 1940 den Mitgliedern der Nationalversammlung rechtlich untersagt war, einem derartigen Ermächtigungsgesetz zuzustimmen. Bejaht man dies, so war die Zustimmung damals immerhin ein „crimen", auch wenn man die Frage nach der Existenz einer bestimmten „poena" (künftige Unwählbarkeit) einstweilen offen läßt. Diese Frage hat Ähnlichkeit mit der für das deutsche Verfassungsrecht maßgeblichen Frage nach der Rechtmäßigkeit des Ermächtigungsgesetzes vom 24. März 1933[57].

---

[56] *Novick*, a.a.O., S. 140 ff., hat dem Thema des nullum crimen sine lege ein ganzes Kapitel gewidmet. In solchen Fällen läßt sich meistens auch beobachten, daß den betreffenden Normen die rechtsstaatlich gebotene Bestimmtheit fehlt.

[57] Dazu *Hans Schneider*, Das Ermächtigungsgesetz vom 24. März 1933, Vierteljahreshefte für Zeitgeschichte 1 (1953), S. 32 ff., sowie *Ernst Friesenhahn*, Zur Legitimation und zum Scheitern der Weimarer Reichsverfassung,

Die Antworten auf die Frage nach den Grenzen der Verfassungsänderung, die *später* in Verfassungen *ausdrücklich* gegeben wurden, helfen im Hinblick auf das hier zu diskutierende Problem nicht weiter[58]; denn die maßgebliche Frage geht dahin, ob *damals* der Verfassungsänderung klare Grenzen gesetzt waren. Das war jedoch nicht der Fall[59]. Selbst wenn man insoweit mit Normen des ungeschriebenen Verfassungsrechts argumentieren will, so muß man feststellen, daß in dieser Hinsicht eine hinreichende Klarheit über die Grenzen der Verfassungsänderung damals nicht bestanden hat. Anders könnte man sich das Ergebnis der Abstimmung über das Ermächtigungsgesetz (auch in Deutschland) schwerlich erklären. Die *nachträgliche* Auslegung von „offenen" Texten der Verfassung vermag daran nichts zu ändern. Auch in solchen Fällen ist für das Wissen vom geltenden Recht die in der Auslegung solcher „offenen" Texte *jeweils* „herrschende Meinung" maßgeblich. Wer nur aufgrund tatsächlichen Zufalls richtig liegt, hat nicht Recht, sondern ist ein „rückwirkender Rechthaber". Seine Vernunft ist nicht objektiver Art, sondern „Staatsraison"[60], freilich in dem Sinne, wie sie vom jeweiligen Machthaber definiert wird, hier war es der Sieger.

4. Man wird also kaum bestreiten können, daß sich in Frankreich eine den konkreten Umständen gemäße Art des Bürgerkrieges entwikkelt hatte. Dieser hatte eine Zeitlang sogar die Form des offenen Bürgerkrieges angenommen, vor allem in der Phase der Libération[61]. Zwar hatte de Gaulle sich bemüht, die Bestrafung der „schlechten" Bürger beim Staat zu monopolisieren[62], doch hatte sich hier die bereits erwähnte Ordonnance vom 6. Juli 1943 ausgewirkt, welche Straffreiheit für Akte der Résistance gewährte[63]. Diese Vorschrift zielte zum damali-

---

in: K. D. Erdmann / H. Schulze (Hrsg.), Weimar: Selbstpreisgabe einer Demokratie — Eine Bilanz heute, Düsseldorf 1980, S. 91 ff.

[58] Insoweit war Art. 95 der Verfassung der IV. Republik viel weniger klar als Art. 79 Abs. 3 GG; Nur die *republikanische* Staatsform.

[59] Dazu oben S. 32 ff.

[60] *Aron*, Bd. X, a.a.O., S. 434, verwendet den Ausdruck „raison d'Etat". In seinem ausführlichen Diskussionbeitrag zum Referat von *Baudot*, a.a.O., S. 787 ff., argumentiert *François de Menthon*, führender Jurist der France libre (auch Justizminister), ausführlich mit der raison d'Etat. Auch spricht er von guerre civile. Seine Argumentation enthält das gesamte Arsenal der klassischen Staatsräson-Diskussion. Sogar sein abschließender Satz ist „klassisch": Man müsse die Demokraten lehren, die Staatsräson zu verabscheuen, zu verachten, abzulehnen — „autant que possible".

[61] Die Zahl der summarischen Hinrichtungen (d. h. Mord und Totschlag) von Kräften der Libération wird sich wohl niemals hinreichend genau feststellen lassen. *Aron* schätzt eine Zahl von 30 000 bis 40 000; *Novick*, a.a.O., S. 202 ff., der sich damit auseinandersetzt, meint, man müsse sich vorerst doch an die amtlichen Angaben (ca. 11 000) halten. *Baudot*, a.a.O., S. 767 ff., berichtet über eine neuere Enquête, die auf 8500 - 9000 Opfer kommt.

[62] Siehe oben S. 57.

gen Zeitpunkt auch darauf, den Willen zum Widerstand zu stärken. Das ließ sich später eben nicht mehr beim „Staat" kanalisieren, es galt das Recht der Natur, d. h. die Rache, und das war es, was Churchill schon 1943 befürchtet hatte.

Der lange anhaltenden Bürgerkriegsstimmung in Frankreich entsprach es, daß die ersten *Amnestien* nach der Libération sich auf die eben erwähnten Sachverhalte richteten, nicht jedoch auf das Verhalten der „Verlierer", der „Vichyisten". So amnestierte de Gaulle den 1939 fahnenflüchtigen *Maurice Thorez* und fünf andere verurteilte Kommunisten, weil er die KPF politisch neutralisieren, d. h. in seine Regierung aufnehmen wollte[64]. Weitere Amnestien für Widerstandskämpfer folgten, so wie das NS-Regime nach 1933 noch mehrmals Amnestien für „Kämpfer der Bewegung" erließ[65].

Zwar wurden schon bald nach der Libération Rufe von „Unbelasteten" nach einer Amnestie für jene Vichy-Anhänger laut, die nicht gegen damals geltendes Strafrecht verstoßen hatten. Bereits Ende 1947 wurde der erste Entwurf eines Amnestiegesetzes eingebracht. Seine Urheber wollten mit einer Amnestie dazu beitragen, daß die nationale Einheit der Franzosen wieder hergestellt werde, wie es der Zweck einer jeden solchen Amnestie ist[66].

Bevor wir auf die weiteren Bemühungen um Amnestie eingehen, soll noch bemerkt werden, daß man durch Gnadenakte und durch sonstige Haftentlassungen nicht wenigen Kollaborateure die Freiheit wieder gegeben hatte. Von den 8 Personen, welche die Haute Cour de Justice zum Tode verurteilt hatte, wurden nur 3 hingerichtet, von den 2853 Todesurteilen der Cours de Justice lediglich 767 vollstreckt[67]. Doch waren dies keine Akte der Amnestie.

Die Beratungen des Parlaments sowie diejenigen der Öffentlichkeit über die Amnestie wurden auch von dem Gedanken bestimmt, daß die Maßnahmen der Epuration nicht immer nach rechtsstaatlichen Maßstäben erfolgt waren. Doch der Rechtsausschuß der Nationalversammlung, der den ersten Entwurf einengte, meinte, an Mängeln der Epuration seien in erster Linie die Täter selbst schuld[68].

---

[63] Siehe oben S. 59, Anm. 26. Eine Ordonnance vom 18. Oktober 1943 amnestierte Fahnenflucht bei den Streitkräften, die unter Vichys Befehl standen, vgl. *Ripert*, a.a.O., S. 149 Anm. 2.

[64] Vgl. *Aron*, a.a.O., Bd. 10, S. 457.

[65] Gesetz vom 7. August 1934, RGBl. I S. 769 (Röhm-Affäre); Gesetz vom 23. April 1936, RGBl. I S. 378.

[66] Dazu etwa *Julien Freund*, Amnestie — Ein auferlegtes Vergessen, Der Staat 10 (1971), S. 173 ff.; *Roman Schnur*, Zur Theorie des Bürgerkrieges, ebd. 19 (1980), S. 341 ff.

[67] *Novick*, a.a.O., S. 187.

[68] *Aron*, a.a.O., Bd. X, S. 461/62.

Da die ersten Amnestien sehr eng waren, wurden weitere Gesetzesentwürfe eingebracht. Schon im Januar 1949 wurde in der Begründung eines solchen Entwurfs klar ausgesprochen, daß die nationale Degradierung aufgrund einer unzulässigen rückwirkenden Norm eingeführt worden sei[69]. Die Bahn wurde offener, Amnestien wurden freier diskutiert, als im November 1949 ein Entwurf von Abgeordneten eingebracht wurde, die ihrerseits wegen Widerstandes deportiert worden waren. In der Begründung hieß es u. a., die Stunde der „premiers grands gestes de pardon et de pacification nous semble venue“[70]. Aber die Beratungen zogen sich lange hin. Immer wieder wurde das öffentliche Leben durch die Diskussionen über die Amnestie stürmisch bewegt, bis hin zu Tätlichkeiten zwischen zwei Politikern, die beide der Résistance angehört hatten.

Das große Amnestiegesetz vom 6. August 1953, das freilich noch gewisse Ausnahmen vorsah, beseitigte u. a. die Unwählbarkeit der „Ja-Sager“ von Vichy am 10. Juli 1940[71].

---

[69] Ebd., S. 463 f.

[70] Ebd., S. 468 f. Aron schätzt die Gesamtzahl der in Frankreich von der Epuration Betroffenen auf etwa 500 000 (S. 479).

[71] Ebd., S. 467 ff. An den Parlamentswahlen von 1955 beteiligten sich einige „Ehemalige“. Durchwegs scheiterten sie.

Zwei Zeugen von europäischem Rang

Die Memoiren von Emmanuel Berl und von Bertrand de Jouvenel

Merkwürdigerweise sind die *Erinnerungen* von zwei Franzosen, die vor allem in den 30er Jahren als namhafte Journalisten und Verfasser viel beachteter Bücher bekannt wurden, in Deutschland so gut wie nicht vorgestellt worden*. Das dürfte kaum auf Zufall beruhen. Vielmehr waren dabei Ursachen im Spiel, die beunruhigend wirken sollten: Heute wissen Deutsche und Franzosen immer weniger voneinander, sofern es nicht um Geschäfte, um Tourismus oder um la nouvelle cuisine geht. Insoweit allerdings stehen die Franzosen hinter den Deutschen nicht zurück[1]. Die Fachzeitschriften, jedenfalls die juristischen, sind noch fachlicher geworden, was dem geistigen Provinzialismus eine erste, wenn auch dürftige Ausrede verschafft. Das gleiche Niveau wird erreicht, wo das binnendeutsche Politisieren die Wissenschaft von der Politik zum Verstummen zu bringen scheint. Seit dem Sterben der meisten kulturellen Monatszeitschriften deutscher Sprache bleiben auch insoweit nur mehr spärliche Quellen der Information. Im Hinblick auf die beiden hier anzuzeigenden Bücher könnte man noch andere Ursachen für das deutsche Schweigen vermuten, wären diese Bücher in den für das Informieren bzw. das Verschweigen zuständigen Kreisen bekannt. Leider ist das nicht zu vermuten. Wir möchten vorab bemerken, daß diese Bücher auch viel Wichtiges und Interessantes über Deutschland enthalten. Vor allem die Tatsache, daß beide Autoren den Versailler Vertrag und die damit zusammenhängende französische Politik nicht „konformistisch" betrachten, sollte auch hierzulande diese Memoiren interessant machen. Wir werden in ihre Würdigung Bemerkungen über andere Memoiren dieser Art einflechten, über Bücher von *Alfred Fabre-Luce*[2] und *Pierre Andreu*[3].

---

* 1. *Berl,* Emmanuel, Interrogatoire par Patrick Modiano, suivi de Il fait beau, allons au cimetière, Paris 1976, Gallimard, 201 S.

2. *Jouvenel,* Bertrand de, Un voyageur dans le siècle, 1903 - 1945. Paris 1979, Robert Laffont. 493 S.

[1] Vgl. auch die einleitende Bemerkung von *E. V. Heyen,* Otto Mayer, Frankreich und das Deutsche Reich, Der Staat 19 (1980), S. 444. Die Bemerkung ist mir zu harmlos, denn der Sachverhalt ist *sehr* besorgniserregend. Die sog. Bildungsreform scheint diese Situation noch erheblich zu verschlimmern, in beiden Ländern. Man kann über jene Zeit alles sagen, daß sie revanchistisch gewesen sei, großbürgerlich, bourgeois, kapitalistisch, kolonialistisch, nur das nicht: sie sei geistig und künstlerisch provinziell gewesen.

I.

Da es sich hier um *Memoiren* handelt, sollen die Autoren kurz vorgestellt werden: Bertrand de Jouvenel (geb. 1903) ist in Deutschland kein Unbekannter. Er hatte 1936 ein aufsehenerregendes Interview mit *Hitler* gemacht, 1941 erschien die Übersetzung eines seiner Bücher[4], dann die Übersetzungen weiterer Bücher (Über Souveränität, Neuwied 1963[5], Reine Theorie der Politik, Neuwied 1967[6], Jenseits der Leistungsgesellschaft, Freiburg 1971[7], und Über die Staatsgewalt, Freiburg 1972[8]). Hingegen ist von Berl nichts ins Deutsche übersetzt worden[9].

1. Emmanuel Berl (1892 - 1976) entstammte einer reichen jüdischen Familie in Paris, mütterlicherseits mit *Bergson* und mit *Proust* verwandt. *Francis Jammes* war sein Trauzeuge. Berl erhielt früh Zugang zu führenden politischen und intellektuellen Kreisen. Bereits 1920 lernte er *Drieu la Rochelle* kennen, *Malraux* im Jahre 1927, er wurde auch früh mit *Cocteau* und mit *de Jouvenel* bekannt. Die beiden Bücher „Mort de la pensée bourgeoise" (1929) und „Mort de la morale bourgeoise" (1930) fanden starke Beachtung. Von 1932 bis 1937 leitete er die angesehene Wochenzeitung „Marianne". Berl flüchtete 1940 in die unbesetzte Zone Frankreichs, wo er sich oft mit Malraux traf, um nach 1945 nur noch größere literarische Arbeiten zu veröffentlichen, darunter in der renommierten Reihe „Trente journées qui ont fait la France" das für unseren Zusammenhang wichtige Buch „La fin de la IIIe République — 10 Juillet 1940" (Paris 1968). Politisch war Berl stets ein „Non-Konformist", er hat darüber sehr deutliche Aussagen gemacht[10]. Er hatte 1927 mit Drieu la Rochelle die Zeitschrift „Derniers Jours" gegründet, gehörte zu den

---

[2] *Alfred Fabre-Luce,* Vingt-cinq années de liberté. I: Le grand jeu 1936 bis 1939, Paris 1962. Zwei frühere Tagebücher dieses Autors sind nach 1940 ins Deutsche übersetzt worden: Journal de la France, I: Mars 1939 - Juillet 1940, Paris 1941 (dt. Französisches Tagebuch — August 1939 - Juni 1940, Hamburg 1942), und: Journal de la France, II: Août 1940 - Avril 1942, Brüssel / Paris 1942 (dt. Nach dem Waffenstillstand. Französisches Tagebuch 1940 - 1942, Hamburg 1943). Ferner hier belangvoll die Memoiren in Form des Interviews: J'ai vécu plusieurs siècles, Paris 1974.

[3] *Pierre Andreu,* Le Rouge et le Blanc, 1928 - 1944, Paris 1977, La Table Ronde. Andreu (geb. 1909) war Journalist, veröffentlichte auch einige interessante Bücher (über *Sorel* u. a. m.), neuestens *P. Andreu / Frédéric Grover,* Drieu la Rochelle, Paris 1979.

[4] Après la Defaite, Paris 1940, deutsch: Nach der Niederlage, Berlin 1941.

[5] De la Souveraineté, Paris 1955.

[6] Pure Theory of Politics, Cambridge 1963.

[7] Arcadie, Paris 1964.

[8] Du Pouvoir, Genf 1945. Auf das Nachwort des Übersetzers *H. R. Ganslandt* sei ausdrücklich hingewiesen.

[9] *Berl,* a.a.O., S. 92, teilt mit, daß in den Jahren 37 - 38 *Fernand de Brinon,* Präsident des Cercle France-Allemagne, vorgeschlagen habe, seine Bücher ins Deutsche übersetzen zu lassen (und ihn *Abetz* und *Sieburg* vorzustellen).

[10] Interrogatoire, S. 25: „Je trouve que le devoir d'un intellectuel est de ne jamais s'engager, parce que, lorsque vous vous engagez, les autres s'engagent sur vous et vous profitez de cet engagement. Et si après ça, vous vous retournez, vous n'êtes plus un homme qui réfléchit, vous êtes un traître."

„non-conformistes des années 30“[11] und war Anhänger des Münchener Abkommens („munichois“). Er entwarf die beiden Reden *Pétains* vom 23. und vom 25. 6. 1940, war jedoch nicht Kollaborateur.

2. Bertrand de Jouvenel ist der Sohn des Politikers und Diplomaten *Henry de Jouvenel* und der *Sarah Claire Boas* (aus reicher jüdischer Familie), sein Vater heiratete später die Schriftstellerin *Colette*[12]. Nach dem Abschluß der Studien an der Pariser Faculté de Droit wurde er bald ein bekannter Journalist, vor allem als Sonderberichterstatter, veröffentlichte jedoch früh auch mehrere (meistens ökonomische) Bücher. Er setzte sich für die deutsch-französische Verständigung ein und wurde Freund von *Otto Abetz*. Auch er gehörte zu den Non-Konformisten der 30er Jahre. Er trat 1936 dem *Parti Populaire Français* bei, den der ehemalige Kommunist und spätere Chef-Kollaborateur *Jacques Doriot* gegründet hatte[13]. De Jouvenel brach mit dieser Bewegung nach der Sudetenkrise 1938, arbeitete dann für den französischen Geheimdienst, für den er 1940 nach Paris zurückkehrte, um seine Beziehungen zu Abetz auszuwerten; nicht ohne ein kritisches Buch über Gründe der Niederlage von 1940 in einem Verlag veröffentlicht zu haben, in dem deutsche und Kollaborations-Literatur erschien[14]. 1943 flüchtete er in die Schweiz, blieb nach dem Ende des Krieges noch einige Zeit dort, weil man ihn als Kollaborateur angegriffen hatte, bis sich die Wogen geglättet hatten[15]. Dann war de Jouvenel überwiegend wissenschaftlich tätig[16], war Honorarprofessor an der Sorbonne, Gastprofessor in Oxford, Cambridge, Yale usw. Er war der Leiter der privaten Studiengesellschaft SEDEIS und des Forschungsvorhabens „Futuribles“[17].

Die Erinnerungen von Berl sind entstanden aufgrund von Interviews, die *Modiano* mit Berl führte, kurz vor dessen Tod; er war schon 84 Jahre alt und fast blind, das bedingte diese Form der Erinnerungen. Aber Modiano rühmt die Frische Berls, keinem sensiblen Leser wird sie

---

[11] Siehe dazu vor allem die materialreiche Arbeit von *Jean Touchard*, L'esprit des années 1930: Une tentative de renouvellement de la pensée politique française, im Sammelband: Tendances politiques dans la vie française depuis 1789, Paris 1960, S. 89 ff., und *Jean-Louis Loubet del Bayle*, Les non-conformistes des années 30. Une tentative de renouvellement de la pensée politique française, Paris 1969. Hier werden *Gruppierungen* behandelt wie *La Jeune Droite, L'Ordre Nouveau* und *Esprit*.

[12] Sein Onkel *Robert de Jouvenel* veröffentlichte 1914 das rasch bekannt gewordene Buch „La République des Camarades“.

[13] Über *Doriot* vor allem *Dieter Wolf*, Die Doriot-Bewegung. Ein Beitrag zur Geschichte des französischen Faschismus, Stuttgart 1967.

[14] Es handelt sich um den Verlag Toison d'Or, im Besitz eines Flamen. *De Jouvenel* brachte dort 1942 sein Buch „Napoléon et l'Economie dirigée — Le blocus continental“ heraus; dort veröffentlichte *Henri de Man*: Après Coup (1941), Réflexions sur la paix (1942) und Cahiers de ma montagne (1944).

[15] Als Zeitdokument belangvoll *de Jouvenels* Tagebuch „Les Passions en Marche“, Paris 1947.

[16] Hier sei auch die große Einleitung *de Jouvenels* zu *Rousseaus* „Contrat Social“ erwähnt (Genf 1947).

[17] „Futuribles“ veröffentlichte eine Serie interessanter Studien. Bei einer der Plenarsitzungen lernte der Rezensent (wenn die persönliche Bemerkung gestattet ist) Emmanuel Berl kennen. Zu den ausländischen Autoren der Reihe gehörten u. a. *Benjamin Akzin, Daniel Bell* und *Arnold Gehlen*.

entgehen[18]. Der andere, etwas ältere Text ist von Berl geschrieben worden. De Jouvenel, fast völlig erblindet wie der „ami intime Berl", fügt in seinem Buch verschiedene Stücke zusammen (mit Hilfe von *Jeannie Malige*), nämlich Erinnerungen, Zeitungsartikel von damals sowie Tagebuchnotizen.

II.

Es sollen hier jene Aussagen der beiden Autoren vorgestellt werden, die sich vornehmlich auf die deutsche Geschichte beziehen. Gleichwohl sollen auch — schon wegen der Zusammenhänge mit Deutschland bzw. dem gesamten Europa — wichtige Mitteilungen, Äußerungen, Stellungnahmen von Berl und de Jouvenel erwähnt werden, die sich mit französischen Zuständen befassen.

Wenn vorhin gesagt wurde, man müsse beide Autoren als non-conformisten betrachten, so gilt das auch für ihre Meinungen über Deutschland. Beide sind nicht als germanophil, eher als anglophil anzusehen[19]. Doch kommt gerade deswegen ihren Äußerungen über Deutschland besonderer Wert zu. Allgemein wird man sagen dürfen, daß Berl und de Jouvenel alles andere als timide sind, auch nicht opportunistisch (was damit wohl zusammenhängt), man kann ihnen nicht einmal Vorsicht bescheinigen. Was beide auszeichnet, ist eine heute sogar in Frankreich seltene Eigenschaft, nämlich über Gegensätze hinweg Aufgeschlossenheit für den anderen zu zeigen, wenn er nur nicht ein Schurke ist. Für jüngere deutsche Leser von heute oder für ältere, deren Gewissen etwas lädiert ist (was auch durch politischen Masochismus geschehen kann), sind es schwierige Autoren. Sie sind nicht einzuordnen, weder in einer Kirche, noch in einer sozialen Clique, auch nicht in einer literarischen, keiner Partei oder Horde oder was immer es an Gehorsam heischenden Organisationen geben mag. Freilich ist die soziale Herkunft unserer Autoren kaum zu verkennen, nämlich einerseits jüdisches Großbürgertum (wenn auch unterhalb der *Rothschilds*), andererseits teils aristokratisch, teils jüdisch-großbürgerlich.

---

[18] Es sei dafür eine Stelle zitiert, wo Berl sich über den Dichter *Jean Giraudoux* äußert, der vor dem 2. Weltkrieg im Auswärtigen Amt arbeitete (dessen Generalsekretär *Alexis Léger*, also der Dichter *Saint-John Perse*, war). Auf eine Frage von Modiano antwortet Berl: „Il (Giraudoux) était très charmant. Et toujours un peu en l'air, écrivant au café ou sur une table de bridge avec cette facilité monstrueuse de normalien qui peut écrire sans se relire des phrases compliquées" (S. 108). Kürzer kann man schwerlich die Fähigkeiten der Absolventen dieser Eliteschule (Ecole Normale Supérieure) kennzeichnen.

[19] *Berl*, S. 93, schreibt sogar, er habe eine instinktive Germanophobie gehabt, „comme elle existait dans les familles juives alsaciennes ... En 1870, elles avaient choisi la France parce qu'elles ne supportaient pas d'être allemandes ...".

1. Über die Zeit vor dem Krieg von 1914 findet man bei Berl viele Bemerkungen. Das beginnt mit Äußerungen über *Barrès*, französischer Lothringer wie *Poincaré:* „Ce que je lui reproche, ce que j'ai haï, c'est sa littérature cocardière de 14. Insupportable. Même Bergson est tombé làdedans[20]." Berl bekundet auch, wie es um die Stimmung in Frankreich vor dem Ausbruch des I. Weltkriegs bestellt war. Er ging 1913 nach Freiburg i. Br., um dort sein Studium fortzuführen: „Il faut bien admettre qu'il y a eu un certain bellicisme, en France, de 1906 à 1913 - 1914. Je l'ai très mal supporté et, quand il m'est devenu tout à fait insupportable, je suis parti pour l'Allemagne ... Je préférais être parmi les Allemands que parmi les bellicistes ... Les mois que j'ai passés à Fribourg-en-Brisgau comptent parmi mes souvenirs les meilleurs[21]." Berl hörte mit Begeisterung bei *Heinrich Rickert* (wie auch *Heidegger*) und bei *Meinecke*. In Freiburg habe er den Ausbruch des Krieges gespürt — „comme tout le monde"[22]. Er war „violemment hostile à l'élection" von Poincaré und für *Caillaux*[23]. Aber er fügt hinzu, daß nicht alle jungen Franzosen für den Krieg mit den Deutschen gewesen seien, sowenig wie alle jungen Deutschen den Krieg wünschten.

Berl sagt noch mehr Ungewöhnliches. Die Wahl Poincarés zum Präsidenten der Republik 1913 sah er als Katastrophe an. „Il était et reste pour moi évident que Poincaré désirait la guerre. Il l'avait toujours désirée ... Il voulait la revanche avec un coeur d'huissier, avide de saisies, de papier bleu, de triomphe juridique sur l'adversaire." Berl verachtete ihn von ganzem Herzen, zumal für Poincaré Caillaux ein wichtigerer Feind wurde als Wilhelm II. Im ganzen habe das französische Bürgertum wie Poincaré gedacht, doch habe im Frühjahr 1914 Frankreich als Ganzes bei den Wahlen gegen Poincaré für Caillaux und Jaurès gestimmt[24]. Doch habe man den einen ins Gefängnis geschickt und sei der andere ermordet worden, und deshalb gelte: „Chaque jour, la guerre était représentée comme une chose plus bénigne que la veille, comme le clystère de Monsieur Purgon[25]." Manche bundesdeutschen Historiker und ihre journalistischen Lautredner werden das nicht gerne lesen. Aber es steht so bei dem Zeugen Emmanuel Berl, mögen sie ihn entgermanifizieren.

2. Beiden Autoren ist bekannt, daß der Verlierer in einem Krieg mit Konsequenzen zu rechnen hat. Beide meinen aber auch, daß das, was

[20] Interrogatoire, S. 23.
[21] Ebd., S. 183.
[22] Interrogatoire, S. 31.
[23] Ebd., S. 32. Zu Caillaux jetzt *J.-D. Bredin*, Joseph Caillaux, Paris 1980.
[24] Ebd., S. 192.
[25] Ebd., S. 193.

man 1919 den Deutschen angesonnen habe, die Ursache für viele spätere Übel gewesen sei. Mit anderen Worten: Sie finden für den *Friedensvertrag von Versailles,* vor allem für die französische Haltung, fast nur kritische Worte. Beiden ist klar, daß die Eingliederung von Elsaß und von Lothringen ins Deutsche Reich (1871) schwerwiegende Folgen haben mußte, falls in einem kommenden Krieg Frankreich zu den Siegern gehören sollte. Doch für die Attitüde dieses Siegers im Jahre 1919 vermögen sie kaum Verständnis aufzubringen. Ihre Äußerungen sind deshalb so wichtig, weil heute viele Deutsche (Franzosen usw.) kaum verstehen können, was man seinerzeit angerichtet hatte, und deshalb meinen, die Kritik am Versailler Vertrag sei eine Erfindung von deutschen Rechtsradikalen. Abgesehen davon, daß man das Verhalten vieler Staaten zu den außenpolitischen Anfängen des NS-Regimes dann kaum verstehen könnte, demonstrieren unsere Autoren, was damals viele Kritiker in den Siegerstaaten von dieser Art Friedensschluß hielten. De Jouvenel berichtet die Äußerung seines Vaters: „Les Français ont la victoire odieuse." Man sei von der Vorstellung besessen gewesen, daß Deutschland allein die Schuld am Kriege trage, daher bestraft werden und alles bezahlen müsse. Doch habe bereits Alfred Fabre-Luce 1924 in seinem Buch „La Victoire" geschrieben, daß der Krieg durch die russische Mobilmachung ausgelöst worden sei, nach dem Staatsbesuch des Präsidenten Poincaré in St. Petersburg. *Robert de Jouvenel* habe geschrieben, man hätte niemals die Klausel von der Schuld Deutschlands am Kriege in den Friedensvertrag aufnehmen dürfen. Und wenn man den Kaiser für den Kriegsausbruch habe verantwortlich machen wollen, hätte das nicht zur Folge haben müssen, daß man der *Republik* entgegenkomme[26]? Statt dessen habe Frankreich eine Reparationssumme verlangt, die 27mal größer gewesen sei (in Gold) als Frankreichs Reparationen von 1875 und größer als sein Bruttosozialprodukt von 1913, und dabei sei Frankreich nicht der alleinige Gläubiger Deutschlands gewesen[27].

Die *Ruhr-Besetzung* ist für de Jouvenel ein verhängnisvoller Akt gewesen, mit schweren wirtschaftlichen Folgen für die Deutschen. Sie war für ihn der erste Anlaß, politisch aufzutreten, bei einer Protestversammlung in Paris[28]. Berl findet für Versailles und die Folgen nicht weniger deutliche Kritik. Nach seiner Meinung wurden die Reparationen für Deutschland das, was 1871 für Frankreich Elsaß-Lothringen wurde[29]. Wenn man 1934 in Frankreich noch nicht erkannt hatte, was es mit Hitlers Regime auf sich habe, so habe das auf der Blindheit in

[26] Un voyageur, S. 77.
[27] Ebd., S. 78.
[28] Ebd., S. 78/79.
[29] Interrogatoire, S. 56.

den vorhergehenden Jahren beruht. Selbst jene Franzosen, die die Deutschen nicht haßten, seien damit einverstanden gewesen, daß die Deutschen aus Elend und Hunger stürben. „Nous avons tous manqué envers le peuple allemand d'élémentaire humanité, et c'est ce manquement qui a rendu Hitler possible, puis inévitable. Aucun plaidoyer pour le nazisme ne peut être toléré. Mais chacun a le devoir, quand il le condamne, de lire l'effroyable reportage de *Simone Weil* sur l'Allemagne qui précède son avènement". Gleiches sagt Berl, sehr non-konformistisch, vom russischen Volk, um hinzuzufügen, dies sei wirklich das Verrückte der „verrückten Jahre" gewesen: „indifférence au malheur des peuples condamnés en 1918 par le dieu des armées"[30].

De Jouvenel hält gerade deshalb die damalige französische Politik für falsch: Wenn man sich schon nicht mit Deutschland habe aussöhnen wollen, dann mußte man dieselbe Außen- und Militärpolitik treiben wie vor 1914, aber man habe keines von beiden getan. Die Aussöhnung sei möglich gewesen. Das sei die Zeit gewesen, als das deutsche Volk vom Krieg erschöpft gewesen sei, mit den Sozialdemokraten an der Macht. Diese Aussöhnung sei von Poincaré hintertrieben worden, jenem Mann, der als Präsident im Jahre 1914 habe „poussé le tsar lors de sa visite en Russie" in den Krieg[31]. Wegen *seiner* Politik habe sich der Zorn der Deutschen auf Frankreich konzentriert, erst recht nach der Ruhr-Besetzung; man habe das für den Ruin der deutschen Währung verantwortlich gemacht. Die Inflation: „C'est la ruine de la petite-bourgeoisie, de la classe sociale la plus portée aux institutions démocratiques; les enfants se retrouveront dans les formations nazies[32]." Die Weltwirtschaftskrise habe den Keim des Krieges in sich geborgen, „le chômage allemand portant Hitler au pouvoir ..."[33]. „Comment le découragement ne ferait-il pas tourner les yeux vers celui qui excitait l'espérance?", fragt de Jouvenel weiter[34].

3. Bei de Jouvenel findet man auch Bemerkungen über den Nationalsozialismus bereits für die Zeit vor 1933. Der inzwischen international bekannt gewordene Journalist besuchte Deutschland in jenen Jahren öfters. Eine Reise im Jahre 1932 nach Berlin auf dem Höhepunkt der Wirtschaftskrise hat ihn besonders stark beeindruckt: „Berlin en 1932, quelle horreur!" Er findet alles wirtschaftlich und sonstwie heruntergekommen und meint: „Et quelle condamnation de la République de Weimar que ce double spectacle de désespoir et d'ignominie!" Das

[30] Ebd., S. 78.
[31] a.a.O., S. 112/113.
[32] Ebd., S. 113.
[33] Ebd., S. 114/115.
[34] Ebd., S. 139.

mußte das parlamentarische Regime diskreditieren, vornehmlich die Sozialdemokratie. „Comme donc une société matériellement et moralement malade et sans espoir n'aurait-elle pas fait valoir par contraste l'allant, la gaieté, la confiance de la jeunesse hitlérienne? Comment Hitler ne triompherait-il pas d'un régime qui avait à ce point préparé sa propre défaite[35]?" Für deutsche Leser von heute klingt das recht ungewöhnlich, für den Leser, der das NS-Regime mit seiner Katastrophe und den Folgen nicht erlebt hat; wohingegen de Jouvenel aus einer viel gesicherteren moralischen Position urteilen kann.

Über das, was mit Hitler kommen würde, machte sich de Jouvenel seit dessen Rede vom 10. Juli 1932 keine Illusionen. Seit diesem Tag war es offenkundig, daß die (von ihm erwartete) Machtergreifung durch Hitler nicht nur das Ende des Parlamentarismus in Deutschland sein werde, sondern auch das Ende jenes internationalen Parlamentarismus, den man 1919 hatte einrichten wollen[36]. (Zu jener Zeit war er auch bereits in anderen Staaten, vor allem in den Kreationen der Friedensverträge mehr oder weniger ruiniert.) Anläßlich jener Reise sagte ihm der Bankier *Aufhäuser*, daß Frankreich intervenieren müsse, um Hitler an der Machtergreifung zu hindern, hernach sei es zu spät. Hitler wolle alle Juden töten, und er werde es tun. De Jouvenel wollte, wiewohl den Antisemitismus in Frankreich kennend, diesen Exzeß an Imagination nicht akzeptieren, Deutschland war doch eine zivilisierte Nation wie Frankreich auch. „La vérité m'a été annoncée et je ne l'ai point reconnue[37]."

De Jouvenel hat Hitler früh zum ersten Male gesehen, 1928 in Bayern. „L'auditoire était bon enfant et ne correspondait en aucune façon à l'idée que l'on a pu se faire ensuite du nazisme[38]." Damals und erst recht später sah de Jouvenel eine frappierende Ähnlichkeit zwischen Hitler und den von *Charlie Chaplin* gespielten Figuren, lange bevor er Genaueres über Hitlers frühen Lebenslauf wußte. Dann begann Hitlers Aufstieg als Überredner der Massen. Das war eine so neue Figur, daß Hitler auch in Deutschland jene täuschen konnte, die glaubten, ihn als „chien qui rapporte" und als „nouveau riche de votes" benützen zu können. De Jouvenel befaßt sich ausführlich mit diesem „Neuen" an Hitler. Sowohl Anhänger wie Gegner hätten 1932 noch

---

[35] Ebd., S. 142.

[36] Ebd., S. 143. *De Jouvenel*, a.a.O., S. 300, sagt mit einiger Übertreibung, 1936 sei von den Verfassungen des neuen Europas nichts übrig geblieben als das Buch, das *Boris Mirkine-Guetzévich* ihnen gewidmet habe, „un document historique désuet, quasiment dès sa parution". (Gemeint ist: Les Constitutions de l'Europe Nouvelle, 2. Aufl., Paris 1930.)

[37] Ebd., S. 145.

[38] Ebd., S. 146.

nicht begriffen, daß Hitler nach der Machtergreifung die „legale Revolution“ machen werde[39]. Nach der Schlappe Hitlers im Herbst 1932 berichtete der amerikanische Botschafter *Bullitt* aus Berlin, der später in Vichy die Selbstaufgabe der III. Republik durch die Volksfront-Kammer erleben sollte: Hitler sei als möglicher Diktator am Ende, sein Einfluß sei so sehr gesunken, daß die Reichsregierung ein Voranschreiten der Nazibewegung nicht mehr befürchte[40]. Auch sei es bezeichnend gewesen, daß man *Daladiers* Regierungsbildung am 31. Januar 1933 in den französischen Zeitungen ausführlich gewürdigt, Hitlers Ernennung zum Kanzler aber nur eine Spalte gewidmet habe. Bei Berl finden sich ebenfalls belangvolle Äußerungen über die damals vorherrschende Einschätzung des NS-Regimes. Wir seien alle sehr blind und taub gewesen, meint er und fährt fort: „Je n'ai pas souvenir d'un seul homme politique qui ait discerné, et ait fait discerner, en 34, tout le mal dont le nazisme était lourd.“ *Georges Mandel*, Minister unter *Daladier* und später in Vichy ermordet, habe eine Revanche *Ludendorffs* vorhergesagt, doch „ne prévoyait nullement Auschwitz, ni la menace d'une Europe, d'un monde submergé par une barbarie dont l'histoire ne fournit que de rares exemples“[41].

4. Auch die *außen*politische Bedeutung der Machtergreifung des Nationalsozialismus ist nach de Jouvenel von maßgeblichen politischen Kreisen Frankreichs lange verkannt worden. Die Linke habe sich in besonderer Verlegenheit befunden. Sie habe befürchtet, daß die Rechte angesichts des neuen deutschen Nationalismus verlangen werde, die Regierung des Pazifismus zu beenden. So habe ein maßgeblicher Journalist am 6. Februar 1933 geschrieben: „... pour prévenir le réarmement du Reich, réalisons au plus tôt le désarmement général ... les gauches qui sont au pouvoir, doivent, non seulement de ne pas répudier au briandisme, mais aller au-delà du briandisme“[42]. Solche Meinungen konnten sich hernach darauf berufen, die Tatsache, daß man die Abrüstung nicht forcierte, habe Hitler den Grund geliefert, Deutschland aus solchen Bindungen herauszunehmen, mit der Zustimmung sogar der Sozialdemokraten im Reichstag[43]. De Jouvenel bemerkt, daß des Pre-

---

[39] Ebd., S. 154.

[40] Ebd., S. 156.

[41] Interrogatoire, S. 77/78. Interessante Bemerkungen über Mandel, S. 85 ff.

[42] Voyageur, S. 159.

[43] Siehe die 3. Sitzung des Reichstags am 17. Mai 1933. Die außenpolitische Entschließung wurde *einstimmig* angenommen, also auch mit den Stimmen der sozialdemokratischen Abgeordneten, wobei der Entschließungsantrag von den Fraktionen nicht nur der NSDAP, sondern auch der Deutschnationalen Volkspartei, des Zentrums und der Bayerischen Volkspartei eingebracht worden war. Das Protokoll berichtet, daß alle Mitglieder des Reichstags sich zur Zustimmung erhoben, „die Versammlung singt das Deutschlandlied“. (Verh. d. Reichstags, VII. Wahlperiode 1933, Bd. 457, Berlin 1934, S. 54.)

miers *MacDonald* Erklärungen vom 16. März 1933 diese Entwicklung noch beschleunigt hätten[44]. Als, vor allem nach dem Ermächtigungsgesetz des Reichstages vom 24. März, Nachrichten ins Ausland gelangt seien, in denen von unrechtmäßigen Verfolgungen politischer Gegner die Rede war, habe das Ausland nichts unternommen — „des cris d'indignation, mais aucune réaction concrète". De Jouvenel hält es für bemerkenswert, daß die Demokratien auf Hitlers Terror viel weniger reagiert hätten als die Monarchien damals auf den Terreur française[45]. Auch hätten die innenpolitischen Spannungen in Frankreich eine klare Stellungnahme gegenüber Hitler erschwert; denn mit der Devise der Linken: „Gegen den Faschismus und gegen den Krieg" habe man kaum etwas ausrichten können.

So geschah dies: 1933/34 verhielt sich Frankreich so, als sei fast nichts geschehen. Die Sozialisten verweigerten Daladier die Erhöhung des Militärbudgets[46]. Wir zitieren de Jouvenel: „Il importe de s'arrêter sur cet antifascisme qui formait le thème du Front commun, et serait celui du Front populaire. Cet antifascisme ne s'est pas traduit en ‚militarisme' contre l'Allemagne hitlérienne, reconnu comme menace pour la France, mais seulement en ‚militantisme' contre ‚l'ennemi de l'intérieur'[47]." Das ist interessant, weil es helfen kann, jene Äußerungen zu verstehen, die nach der Niederlage Politiker wie Laval machten (auf die noch einzugehen ist). Sogar ein junger Politiker der Radikalen, *Jacques Kayser*, schrieb am 3. 8. 1933, gegenüber einem entwaffneten Deutschland sei die Abrüstung eine moralische Pflicht gewesen, gegenüber einem aufrüstenden Deutschland sei die völlige Abrüstung darüber hinaus eine Notwendigkeit für die Verteidigung der Nation und des Friedens[48]. Soweit also konnte das schlechte Gewissen gegenüber Deutschland führen, daß man nämlich das, was man der Republik verweigert hatte, nunmehr einem ganz anderen Machthaber zubilligen wollte. Hier sei noch auf de Jouvenels Freundschaft mit Abetz hingewiesen. Er kannte Deutschland nur wenig, Großbritannien war ihm vertrauter. Er habe viele Freunde im Ausland gehabt, doch nur einen deutschen Freund, Otto Abetz. „Une amitié qui a pesé lourd dans ma vie[49]." Diese Freundschaft sollte nach der Besetzung Frankreichs noch

---

[44] Ebd., S. 161.

[45] Ebd., S. 164.

[46] *De Jouvenel*, S. 172 Anm. 3, bemerkt, daß sich hier die Abspaltung der Neosozialisten vorbereitete. *Marcel Déat*, der später den berühmten Artikel „Mourir pour Dantzig?" schrieb und dann großer Kollaborateur wurde, war *für* die Erhöhung der Ausgaben für die Rüstung. De Jouvenel meint, das sei nicht inkohärent gewesen, Déat habe 1939 Frankreichs Schwäche gekannt. Über Déat nunmehr *Tournoux*, a.a.O.

[47] Ebd., S. 174/175.

[48] Zitiert bei *de Jouvenel*, S. 175.

[49] a.a.O., S. 200.

eine besondere Bedeutung erhalten, als Abetz Botschafter in Paris war[50]. Ferner sei der Bericht über das Interview mit Hitler erwähnt, das de Jouvenel am 21. 2. 1936 in der Reichskanzlei hatte[51].

5. Sowohl Berl als auch de Jouvenel berichten Interessantes über die *innerfranzösische Entwicklung* nach 1933[52]. Bekanntlich gab es in Paris am 6. Februar 1934 schwere Unruhen, die etliche Menschenleben forderten. Berl wie de Jouvenel übten sowohl damals als auch in unseren Tagen scharfe Kritik an der III. Republik. Eben dies war der Grund, weshalb sie sich schon früh für eine Erneuerung der Politik einsetzten. Berl leitete, wie bereits erwähnt, die bei Gallimard erscheinende Wochenzeitung „Marianne", eine Konkurrenz zu den Wochenblättern „Candide" und „Gringoire", die *Horace de Carbuccia* herausbrachte (Schwager des Pariser Polizeipräfekten *Chiappe*), später großer publizistischer Kollaborateur. Die Tendenz von „Marianne" war links und pazifistisch, um *Briand* zu helfen, dem nur wenige Blätter zur Seite standen wie „Notre Temps" (von *Jean Luchaire*, später großer Kollaborateur) und „Europe Nouvelle" (von Alfred Fabre-Luce). Der 6. Februar 1934 war für Berl „une date charnière dans ma vie"[53].

De Jouvenel wiederum glaubt, daß der Aufmarsch der rechten Ligen am 6. 2. 1934 die *Volksfront* vorbereitet habe[54]. Er selbst wandte sich von der Radikalen Partei ab (was er heute als schweren Fehler ansieht), um die Wochenzeitung mit dem bezeichnenden Titel „La Lutte des Jeunes" zu gründen. (Dort schrieben *Andreu, Drieu la Rochelle, Philippe Boegner* und *Henri de Man*.) Während man um Frankreich herum, so in Großbritannien und in Belgien, von Deutschland ganz zu schweigen, sehen konnte, daß man sich energisch an die Behebung der Krise machte, sei davon in Frankreich nichts zu sehen gewesen. Die Wahlen von 1936, die zur Volksfront führten, hätten die Lage nicht verbessert, zumal die Kommunisten von 10 auf 72 Sitze angestiegen seien. Der Fehler der Sozialisten sei es gewesen, die soziale Umverteilung (bezahlter Urlaub, starke Lohnerhöhungen, 40-Stunden-Woche) nicht über eine *kraftvolle* Wirtschaftspolitik zu fördern — auch aus ideologischen Gründen, und so wurde de Jouvenel von *L. Blums* Politik enttäuscht. Daher stieß er zu dem von Doriot gegründeten PPF. Hier kam er zum ersten Mal mit dem „Volk" in Kontakt, während die Radikalen und

[50] Abetz selbst: *Otto Abetz*, Das offene Problem, Köln 1951.

[51] a.a.O., S. 240 ff.

[52] An neueren Gesamtdarstellungen: *J. de Malafosse*, Histoire des Institutions et des Régimes politiques de la Révolution à la IVe République, Paris 1975, S. 286 ff., sowie *Jean Petot*, Les grandes étapes du régime républicain français (1792 - 1969), Paris 1970, S. 483 ff.

[53] Interrogatoire, S. 71.

[54] a.a.O., S. 181.

Sozialisten eher die „République des Professeurs" darstellten[55]. Allerdings sei Doriot der Gegensatz zu Hitler gewesen.

6. Im Hinblick auf das *außenpolitische Verhältnis Frankreichs zu Deutschland* zeigen sich erhebliche Unterschiede bei unseren Autoren.

De Jouvenel befaßt sich eingehend mit dem „Anschluß" Österreichs („Anschluss" geschrieben). Er glaubt, daß *Dollfuß* einen wichtigen Verbündeten gegen Hitler, nämlich die Sozialdemokratische Partei, ausgeschaltet habe, in den Februartagen 1934 (durch eigenes Verschulden der Sozialisten, meint de Jouvenel). Die immense „Patriotische Front" habe sich als immobil erwiesen. Doch weit davon entfernt, ein faschistisches Regime gewesen zu sein — wie man ihm vorwarf —, habe Österreich in Wirklichkeit unter einem bürokratischen Regime gelebt; der Großteil der Bevölkerung habe sich nicht für Politik interessiert und habe den Kanzler handeln lassen, mit seinen Ministern „qui n'étaient que d'excellents commis"[56]. Nur die legitimistischen Elemente seien zum Widerstand entschlossen gewesen. Da England zweimal (Wiederaufrüstung Deutschlands und Einmarsch ins Rheinland) nicht habe handeln wollen und Frankreich zweimal nicht gehandelt habe, hätte Hitler sich vieles zutrauen können. Am 12. März 1938 war de Jouvenel mit dem bekannten Journalisten *Jules Sauerwein* in Linz, sie kamen aus Braunau. Ohne jede Begleitung sei Hitler nach Linz gekommen. „Il était reçu comme rentrant chez lui"[57], am 14. März erst sei Hitler nach Wien gefahren. „Ce lundi, Vienne était ivre[58]." Nur einige Tage vorher habe man *Schuschniggs* Idee des Plebiszits begrüßt, nun aber habe man Hitler zugejubelt — bei der Betrachtung des Einzugs von *Khomeini* im Fernsehen habe er „le même délire collectif" erlebt[59].

Die „Sudetenkrise" fand bei de Jouvenel große Aufmerksamkeit, zumal er ein Freund der Tschechoslowakei war. Aber er befürchtete schon früh, daß man diesen Staat allein lassen werde. Gleichwohl meint er, daß sich die Forderung der Sudetendeutschen unter *Henlein* („. . . pas un brutal") nach Autonomie habe stützen können auf das Recht der Minderheiten im Geiste der Friedensverhandlungen von 1919. Hitler konnte die Verzerrungen der Sieger und ihrer Günstlinge ausnutzen: „Ce qui donne ouverture à tous les abandons[60]." De Jouvenels Bericht über das Gespräch mit *Benesch* wirkt deprimierend. So hat das Münchener Abkommen für ihn eine „émotion d'horreur. Cette capitulation

---

[55] Ebd., S. 294.
[56] a.a.O., S. 309.
[57] Ebd., S. 314.
[58] Ebd., S. 316.
[59] Ebd.
[60] Ebd., S. 317.

a été un des grands chocs de ma vie ..."[61]. Er kritisiert auch, daß Frankreich große Versprechungen in jene Richtung gemacht habe, aber nicht viel dafür tat, sie einhalten zu können. Er wird geradezu aufgebracht, wenn er berichtet, daß die deutschen Generäle *gegen* eine gewalttätige Lösung gewesen seien. „Ses généraux croient à l'armée française ..."[62]. Was die Lage Prags noch verschlechterte, waren die Forderungen Polens und Ungarns, nämlich auf den größeren Teil des Teschener Landes (einschließlich des Eisenbahnknotenpunkts Oderberg) einerseits und der Karpatho-Ukraine andererseits (heute z. T. bei der UdSSR) zu verzichtn[63]. Der von Berl und de Jouvenel beklagte Triumph von 1919/20 über die Verlierer zeigte jetzt seine Konsequenzen. De Jouvenel erklärte sich bereit, für den französischen Geheimdienst zu arbeiten[64].

Berl hingegen war ein „pro-munichois très conscient". Er meinte, daß die UdSSR niemals die Möglichkeit erhalten hätte, durch Polen und durch Rumänien Prag zur Hilfe zu eilen. Überdies hätten die Polen im Einverständnis mit den Deutschen Teschen beansprucht, trotz aller Garantien à la Locarno. Berl übt Kritik an diesem Verhalten der Polen. „Et puis j'étais convaincu de l'antisémitisme polonais[65]." Hauptsächlich aber war Berl *für* das Münchener Abkommen, weil er glaubte, Frankreich sei physisch nicht imstande, Deutschland Widerstand zu leisten[66].

Hier ist es angebracht, auf zwei Gespräche einzugehen, die de Jouvenel mit Laval hatte (7. 11. 1938 und 6. 12. 1938), weil sie für Lavals Tätigkeit *nach* der Niederlage von 1940 belangvoll sein könnten. Nach de Jouvenel hat Laval am 7. 11. u. a. gesagt, jetzt helfe nur noch die Stärke[67]. Aber die regierenden Politiker glaubten, mit anderen Mitteln auskommen zu können, vor allem mit Schwäche des Regierens. Laval, der meinte, Italien *gegen* Deutschland stellen zu können, wirft Daladier vor, die Chancen nicht genutzt zu haben. „Avant de faire de la politique extérieure, il faut avoir une politique intérieure. Vider les bureaux et remplir les prisons ... *Ils* ne me donneront plus le pouvoir. *Ils* savent trop que ce serait alors fini de leurs jeux[68]." Für den Fall, daß man ihn zum Präsidenten der Republik wähle, meinte Laval, daß er keinen „président du Conseil" suchen werde, der sei in der Verfassung auch nicht vogesehen, er werde sein eigener président du Conseil sein. Bezüglich

[61] Ebd., S. 319.

[62] Ebd., S. 321.

[63] Ebd., S. 325 ff.

[64] Ebd., S. 337 ff.

[65] Interrogatoire, S. 80/81.

[66] Ebd., S. 59.

[67] Zum Ganzen nun umfassend in außenpolitischer Sicht: *Jean-Baptiste Duroselle*, La Décadence 1932 - 1939, Paris 1979.

[68] a.a.O., S. 345.

der Außenpolitik äußerte Laval, daß Frankreich vor dem Bankrott stehe. Am 6. 12. berichtete er von einem langen Gespräch, das er 1935 anläßlich der Beisetzung von *Pilsudski* in Krakau mit *Göring* hatte. Damals habe Deutschland Frankreich noch respektiert, dann habe der Niedergang begonnen, „au moment où nous avons oublié la nécessité du travail, de la discipline et de l'esprit du sacrifice qui, seuls, font et maintiennent la grandeur d'une nation“[69] Auf keinen Fall hätte man die Rheinland-Besetzung zulassen dürfen; dies war ein Fehler, der alle weiteren Fehler nach sich gezogen habe, z. B. sei es sehr schwierig geworden, den Tschechen militärisch zu helfen. Jetzt aber rüste Deutschland auf. Dies sei das Verhalten einer Nation, die sich auf eine Kraftprobe, auf einen europäischen Konflikt vorbereite. „Refuser de voir cela, ce serait duper son pays[70].“

De Jouvenel findet für das Verhalten des polnischen Außenministers *Beck* nicht nur anerkennende Worte. Er wirft ihm vor, stets ein doppeltes Spiel getrieben zu haben, erst recht in der tschechischen Frage[71]. De Jouvenel war im August 1939 in Königsberg, als *Ribbentrop* auf der Reise nach Moskau, um den kriegsauslösenden Pakt zu unterzeichnen, in seinem Hotel Station machte. Am 2. 9. traf de Jouvenel in Warschau ein. Zur französischen Kriegserklärung sagt er, die einzige Chance, Polen zu retten, habe im sofortigen Angriff im Westen gelegen, und selbst wenn man damit Polen nicht sogleich habe retten können, so hätte das doch das Ende des Hitler-Regimes bedeutet[72]. Berl findet für das Verhalten der Polen in der tschechischen Krise noch schärfere Worte; er weiß, daß man dies deshalb nicht gerne erwähnt, weil später die Polen selbst überfallen worden seien. „Pour vous parler franche-

---

[69] Ebd., S. 348. Im Februar 1936 sagte Reichsminister *Hans Frank* in Warschau, Polen, Deutschland und Frankreich müßten zusammengehen, vgl. meine Darlegungen: Beziehungen zwischen deutschen und polnischen Juristen in den Jahren 1934 - 1939, Die Verwaltung 15 (1982), S. 244.

[70] Ebd., S. 350.

[71] Ebd., S. 354. S. 405 - 407 findet man einen interessanten Bericht über ein Gespräch mit dem Botschafter *Léon Noël* (am 30. 3. 1941), der seinerzeit in Warschau amtierte. Am 25. 10. 1938 habe er dem Außenminister *Georges Bonnet* telegraphiert, daß die Deutschen nun die polnische Frage aufwerfen würden. Er, Noël, habe um Instruktion gebeten, damit die französische Garantie für Polen nicht automatisch ausgelöst werde, und das werde das Parlament um so eher akzeptieren, als das Verhalten der Polen in der tschechischen Angelegenheit „avait choqué tout le monde“. Noël war Mitglied der Waffenstillstandsdelegation in Compiègne gewesen und wurde später ernannt zum délégué général du gouvernement en zone occupée mit Sitz in Paris. Noël, der aus der Verwaltung zur Diplomatie gekommen war, wurde nach dem Krieg maßgeblicher Gaullist, auch Abgeordneter; 1958 wirkte er bei der Schaffung der neuen Verfassung mit und war von 1959 - 1965 Président du Conseil Constitutionnel. An einschlägigen Büchern hat er veröffentlicht: Les illusions de Stresa — L'Italie abandonnée à Hitler, Paris 1975, und La Guerre de 39 a commencé 4 ans plus tôt, Paris 1979.

[72] Ebd., S. 357.

ment, je désirais qu'on lâche les Polonais. Ils nous avaient trahis à Munich puisqu'ils s'étaient arrangés avec Hitler et qu'ils avaient pris Teschen." Berl fügt hinzu, es sei zuviel gewesen, sich für Leute töten zu lassen, die einen soeben verraten hätten, die Antisemiten seien und übrigens nicht standhalten würden[73]. Während Berl aus Altersgründen nicht mehr einberufen wurde, diente de Jouvenel als Soldat, nicht ohne vorher für den Geheimdienst eine Reise auf den Balkan gemacht zu haben. Der rumänische Außenminister *Grigore Gafenco* führte mit ihm ein Gespräch (4. 10.), dessen Inhalt belangvoll ist[74]. Er habe ausgeführt, das gesamte Südosteuropa müsse bolschewistisch werden, je länger der Krieg dauere. Man müsse Italien als neutralen Faktor einsetzen, ferner die Militäropposition in Deutschland stützen, um dort einen Regierungswechsel herbeizuführen. Es habe zwischen Deutschland und Rußland einen Deich gegeben: Polen; irrsinnigerweise hätten die Deutschen ihn zerstört, Rußland sei nun in Europa. Wenn Frankreich *jetzt* verliere, bringe das Rußland in direkte Verbindung mit dem Okzident. Ein *völliger* Sieg über Deutschland und dessen Zerstückelung bringe den Bolschewismus bis zum Rhein, ein *rascher* Friede jetzt aber erlaube es, eine Front im Okzident zu schaffen, wo Deutschland seinen Platz finden könne. Auf den Einwand, das biete keine Gewähr gegen die Auferstehung des „impérialisme germanique", erwiderte der Rumäne, die Bolschewisierung Deutschlands unter Hitler könne rasch geschehen, die russische Gefahr sei größer als die eines Friedens mit einem nichthitlerischen Deutschland. Ostpolen würden die Russen nicht mehr herausgeben, die Deutschen dürften nicht mehr bekommen als Danzig und einen Korridor[75].

III.

Nach de Jouvenel läßt sich die *Besetzung Frankreichs* in drei Abschnitte teilen: Zunächst die Zeit vom Einzug der Deutschen in Paris bis zum Angriff Hitlers auf die UdSSR; sodann die Zeit bis zum Einmarsch der Deutschen in die freie Zone Frankreichs (November 42), also auch der Landung der Amerikaner in Nordafrika, und als letzte Phase die Libération. Wir wollen uns nicht an diese Einteilung halten, vielmehr die Erinnerungen der beiden Zeugen an *Problemen* beleuchten, so dem Problem der *Niederlage* Frankreichs, dann dem der *Kollaboration* und schließlich dem innenpolitischen *Nachher*[76]. Allerdings muß für

[73] Interrogatoire, S. 81.

[74] *Gafenco* veröffentlichte 1944 in Zürich: Vorspiel zum Krieg im Osten; ebd. 1946: Europas letzte Tage.

[75] Voyageur, S. 359 ff.

[76] Aus der umfangreichen Literatur siehe als erste Einführung *Henri Michel*, Pétain et le Régime de Vichy, Paris 1978. Jüngstens *Raymond Tournoux*, Pétain et la France. La Seconde guerre mondiale, Paris 1980.

manchen Leser von heute daran erinnert werden, daß es bis zum November 1942, also fast 2½ Jahre lang, einen unbesetzten Teil Frankreichs gab. Auch waren keineswegs sämtliche Teile des Imperiums zu *de Gaulle* übergegangen. Es standen, vor allem in Nordafrika, noch starke französische Truppen und auch die Flotte, wenngleich sie durch die Überfälle der Briten dezimiert worden war. In Syrien gab es Kämpfe zwischen vichytreuen Truppen und denjenigen unter de Gaulles Kommando. Zwischen dem Deutschen Reich und Frankreich bestand ein Waffenstillstandsabkommen[77].

1. De Jouvenel meint, daß man in Frankreich heute vornehmlich die dritte Phase betrachte. Er glaubt, am besten über die erste Phase berichten zu können, „matériellement moins dure, psychologiquement la plus désespérée“[78]. De Jouvenel lebte zwischen Paris und einem Familienbesitz im (besetzten) Departement Corrèze, war auch einige Male in Vichy, wo der Geheimdienst seine Zentrale hatte. Berl war vor den Deutschen geflohen, als alte Freunde in der Regierung Pétain ihn nach Bordeaux riefen, damit er bei der Redaktion von Reden Pétains helfe. (Bereits am 26. Mai war er zu solcher Hilfe für das Kabinett *Reynaud* aufgefordert worden.) Für ihn gab es da kein Problem, zu *diesem* Zeitpunkt seien mindestens 99,9 % der Franzosen für Pétain gewesen[79]. Es hätten Sozialisten diesem Kabinett angehört, noch nicht aber Laval. Als er, Berl, die beiden Reden Pétains vom 23. und vom 25. 6. abfaßte, habe man keineswegs die Zukunft erraten können[80]. Bis zum 25. 7. blieb Berl in Vichy, dann ging er in den unbesetzten Teil Frankreichs. Es liegt auf der Hand, daß sowohl Berl als auch de Jouvenel klare Vorstellungen von den Gründen der schweren Niederlage Frankreichs hatten; beide hatten vorher oft genug auf die Schwächen der französischen Politik hingewiesen. Beide waren deshalb auch nicht von einem Ereignis überrascht, das bislang wenig Aufmerksamkeit in der (heutigen) Wissenschaft, vor allem der bundesdeutschen, gefunden hat, nämlich das französische „Ermächtigungsgesetz“ vom 10. Juli 1940 als Parallele zum deutschen Ermächtigungsgesetz vom 24. März 1933[81].

Berl hält das für die Rache Lavals, der bei diesem Akt der maßgebliche Mann war. Laval habe ihm gesagt: „Ils m'ont vomi, je ne l'ai digéré[82].“ (Wir erinnern an die Mitteilungen, die Laval gegenüber

[77] *Berl*, a.a.O., S. 91, sagt, in Vichy habe es keine Deutschen in Uniform gegeben, so daß man nicht den Eindruck hätte haben können, Frankreich sei ein besetztes Land. Zur Syrien-Frage vgl. *Jaeckel*, a.a.O., S. 159 ff.

[78] Voyageur, S. 369/370.

[79] Interrogatoire, S. 88.

[80] Wortlaut bei *Berl*, La Fin de la IIIe République, S. 275 ff.

[81] *Berl* selbst hat das eben zitierte Buch verfaßt. Zu diesem Thema nun die Studie oben S. 9 ff.

[82] Interrogatoire, S. 90.

de Jouvenel im Winter 1938 gemacht hatte.) Am 10. 7., so fährt Berl fort, hätten *Herriot* (Präsident der Kammer) und *Jeanneney* (Präsident des Senats) die Nationalversammlung gebeten, die Vollmachten für Pétain zu beschließen „dans des discours pleins de lyrisme. C'était quand même insensé de voir la Chambre du Front populaire décréter l'abolition de la IIIe République“[83]. De Jouvenel, der am 9. 7. in Vichy eingetroffen war, spricht vom „spectacle inouï de l'abdication du Parlement“. Er hatte sich damals notiert, man scheine nichts anderes im Blick zu haben als eine Revanche für die Volksfront, feiere eine Art Wahlsieg zugunsten der Rechten, errungen von den deutschen Panzerdivisionen; auch habe selbst in diesem Milieu, „qui était en train de signer son arrêt de mort“, eine Art guter Laune geherrscht[84].

Es hat sich dann das sog. Vichy-Regime entwickelt, mit seiner eigenartigen verfassungsrechtlichen Konstruktion. Pétain erließ insgesamt 12 Actes constitutionnels. Anfang 1941 rief er den Conseil national ins Leben[85], später mehrere seiner Kommissionen. Eine Kommission des Conseil national sollte den Entwurf einer neuen Verfassung ausarbeiten[86]. Nach langen Beratungen unterzeichnete Pétain den Entwurf einer Verfassung am 30. 1. 44[87]. Weiteres unterblieb, zumal die Besatzungsmacht Einspruch erhoben hatte.

2. Zur Kollaboration findet man bei Berl einige interessante Äußerungen. Man muß sogleich hinzufügen, daß er weder aktiven Widerstand leistete noch in irgendeiner Weise „kollaborierte“. Das könnte ihm den Vorwurf einbringen, dem attentisme gehuldigt zu haben — wie die weitaus meisten Franzosen (und vermutlich: wie wohl die meisten Menschen in ähnlicher Lage, Frankreich war nicht das Generalgouvernement). So sagt Berl, er habe die Résistance sehr gut gefunden, doch habe man ihr nicht beitreten müssen. Er selbst habe nicht französische Tote auf dem Gewissen haben wollen: Wenn ein résistant einen Deutschen getötet habe, sei er abgehauen, die Deutschen hätten das

[83] Ebd., S. 90.

[84] Voyageur, S. 372/73. *Berl*, a.a.O., S. 90, meint, es habe sogar eine Revanche an der *Republik* gegeben, ein Zurück zu *MacMahon*. (Marschall MacMahon war der erste Präsident der III. Republik; seine Republiktreue wurde bezweifelt, er demissionierte 1879.)

[85] Über ihn etwa *Rossi-Landi*, in: Le Gouvernement de Vichy, a.a.O., S. 47 ff. Die Zusammensetzung: Le Dossier de Vichy, prés. p. Jacques de Launay, Paris 1967, S. 71 ff. Ihm gehörten auch Parlamentarier an, so *G. Bonnet, A. Pinay und J. Bardoux.* „Andere“ Mitglieder waren u. a. *M. Boegner, A. Cortot, R. Fonck, A. François-Poncet, A. Siegfried, L. Salleron.*

[86] Der Kommission gehörten auch prominente Wissenschaftler an, nämlich *Gidel, Laferrière, Mestre, Perroux* und *Pirou*. Wir erwähnen noch, daß der namhafte Völkerrechtler *J. Basdevant* sein Amt als Rechtsberater des Auswärtigen Amtes 1941 niederlegte.

[87] Text in: Le Dossier de Vichy, a.a.O., S. 78 ff.

nächste Haus angezündet mit allen Menschen darin, und das habe ihm nicht gefallen[88]. Pétain habe niemals an der Niederlage der Deutschen gezweifelt; als Soldat alter Schule (wenig Kenntnis moderner Technik) habe er mit einer viel längeren Dauer des Krieges gerechnet. Gleichwohl sei seine Idee richtig gewesen, nämlich so gut wie möglich das Überleben des Landes zu sichern, wie es dem Geist der Preußen während der napoleonischen Besetzung entsprochen habe. Pétain hätte beim Einmarsch in die freie Zone fliehen sollen; doch das hätte dem Land wenig genützt, auch so habe man ihm kaum noch gehorcht. (Gemeint ist das erneute Aufrücken von Laval, den Faschisten wie Déat, Doriot etc.[89].)

Für de Jouvenel liegen die Dinge noch komplizierter, allerdings auch für ihn persönlich. Er ging für den Geheimdienst nach Paris, um seine alten Beziehungen zu Deutschen wie Abetz zu nutzen, andererseits wollte er nicht als résistant auftreten. Zunächst galt es für Frankreich nach seiner Meinung, Zeit zu gewinnen. In Paris traf er einen deutschen Journalisten namens *Eich,* den er 1938 in Deutschland kennengelernt hatte, nun war er in Paris für Pressesachen zuständig. (In diesem Zusammenhang stellt de Jouvenel eine Sache klar, die bisher undeutlich war, nämlich die ihm bisweilen vorgeworfene Kollaboration als Journalist in Paris[90].) De Jouvenel fand die Lage Frankreichs im Sommer 40 ähnlich derjenigen Preußens im Jahre 1806[91]. Es ist vielleicht kein Zufall, daß sein Freund Berl ebenfalls diese historische Parallele zog[92], wie auch ein deutscher Dichter, nämlich *Gottfried Benn*[93].

De Jouvenel berichtet über das erste Gespräch mit Botschafter Abetz (am 13. 7. 1940), es sei alles korrekt verlaufen, Abetz habe Frankreichs Fehler aufgezählt; er, de Jouvenel, sei geneigt gewesen, einen Sieger,

---

[88] Interrogatoire, S. 102. Eine Cousine Berls war mit dem Botschafter Vichys in Paris, *de Brinon,* verheiratet (1947 hingerichtet); sie wurde zur „Ehrenarierin" ernannt. Über Abetz äußert sich auch Berl in interessanter Weise: Im Grunde sei er kein Nazi gewesen, seine Sympathien hätten eher linken Franzosen wie *Luchaire* gegolten. Auch habe man bei ihm keinen Antisemitismus angetroffen; er sei Freund von *Weil-Curiel* und *de Jouvenel* gewesen (a.a.O., S. 93); so auch *de Jouvenel,* a.a.O., S. 397.

[89] Ebd., S. 103.

[90] a.a.O., S. 385 f. Der Vorwurf auch bei *Ganslandt,* a.a.O., S. 452. *Hermann Eich* gab 1943 in Paris heraus „Wege der französischen Presse". Nach dem Krieg war er Chefredakteur in der Bundesrepublik.

[91] a.a.O., S. 387.

[92] Interrogatoire, S. 103, sowie La fin de la IIIe République, S. 32. Das gilt auch für Pétain selbst, vgl. *Tournoux,* a.a.O., S. 160 ff.

[93] Siehe den Brief Benns an Oelze, in: *Gottfried Benn,* Briefe an F. W. Oelze, Bd. 1, Wiesbaden 1977, Nr. 177, S. 231. (Darüber Näheres in der Studie: Im Bauche des Leviathan. Bemerkungen zum politischen Inhalt der Briefe Gottfried Benns an F. W. Oelze in der NS-Zeit, in: Festschrift für Hans R. Klecatsky, Bd. 2, Wien 1980, S. 911 ff.)

der einen solchen Freund Frankreichs als Botschafter in Paris habe, zu akzeptieren. „Mais il y avait quelque chose, pour une grande nation, de si humiliante dans un tel parti que je ne pus me décider à la prendre[94]." Andererseits lehnte er es ab, in den aktiven Widerstand zu gehen. Auf seinen Einwand, daß die Deutschen Geiseln nähmen und Franzosen erschießen lassen würden, wurde ihm geantwortet, diese Exekutionen würden die französische Meinung wachrütteln; worauf er erwiderte, daß diese Hypothese nicht sein Fall sei, zumal ein solches Vorgehen das nationale Geschick nur verschlimmern könnte[95]. Die Kollaboration wurde de Jouvenel auch durch die konkrete Politik gewisser Machthaber in Vichy verleidet. Wenn ein so einflußreicher Minister wie *Alibert*[96] glaubte, die Deutschen seien gekommen, um die Franzosen von ihren Fehlern zu befreien, zu denen sicherlich die Juden gehörten, sei das zuviel gewesen[97]. Andererseits könne man die Absichten von Abetz nicht als *nazistisch* abtun. Er habe nicht an die Überlegenheit der germanischen Rasse geglaubt und habe keine Sympathie für „l'esprit prussien" gehabt: „Je le connais pour Européen, et non impérialiste." Deshalb habe er sich im Prozeß gegen Abetz sogleich als Zeuge zur Verfügung gestellt. Als Me *Floriot* (der Verteidiger) gefragt habe, ob der gute Wille von Abetz viele Franzosen zur Kollaboration gebracht habe, konnte de Jouvenel es nicht verneinen; deswegen wollte der Anwalt den Zeugen nicht zu Lasten des Angeklagten benennen[98].

De Jouvenels Bereitschaft zur Objektivität geht so weit, daß er zur Tagebucheintragung betreffend das Gespräch mit *Bouthillier* bemerkt, dieser habe zu jenen gehört, die zur selben Zeit, als die Deutschen die französischen Ressourcen auspumpten, die ökonomischen Strukturen

[94] Ebd., S. 381.

[95] Ebd., S. 389.

[96] Über *Raphaël Alibert* siehe oben S. 20 Anm. 42. Hinweise auf ihn wie auf andere Vichy-Personen bei *Yves Durand*, Vichy 1940 - 1944, Paris 1972, S. 158 ff. Fügen wir hinzu, daß der namhafte Staatsrechtslehrer *Joseph Barthélemy* von 1941 bis 1943 Justizminister war. Andere namhafte Wissenschaftler in sehr hohen Ämtern waren u. a. der Zivilrechtler *Georges Ripert*, der Althistoriker *Jérôme Carcopino* und der Philosoph *Jacques Chevalier*.

[97] De Jouvenel berichtet S. 435 über ein Gespräch mit dem Finanzminister *Bouthillier*, in dem dieser gesagt habe, man habe erst *jetzt*, nach der Niederlage, die Möglichkeit, auf neuen Grundlagen aufzubauen: die Anwesenheit der Deutschen erlaube die innere Reform. De Jouvenel meint, man sei angesichts solcher Erklärungen geneigt, den Kommunisten, die behaupteten, den Herrschenden sei der äußere Feind weniger wichtig als der innere, zuzustimmen. Damit kann man de Jouvenels Bemerkungen über die Anfänge des NS-Regimes vergleichen, wonach die Linke in Frankreich ihre Gegner wichtiger genommen habe als das Geschehen in Deutschland. Dies macht erneut deutlich, wie gespannt die innenpolitische Situation in Frankreich nach 1919 gewesen ist. Auch die Lage Frankreichs läßt sich nicht klar erkennen, wenn man das Element des latenten Weltbürgerkrieges seit 1917 leugnen will.

[98] Voyageur, S. 397.

geschaffen hätten „dont Monnet ferait (nach 1945, R. S.) un si excellent usage“[99]. Gewiß will de Jouvenel damit nicht der Kollaboration das Wort reden; doch meint er feststellen zu sollen, welche *Wirkungen* Kollaboration gehabt haben kann — überaus vielfältige. Ähnliches dürfte von der Bemerkung gelten, die Fabre-Luce macht, nämlich die Mehrzahl der französischen Juden verdanke ihr Überleben dem Tätigwerden der Vichy-Regierung[100]. (Da die den Deutschen übergebenen Juden überwiegend nicht die französische Staatsbürgerschaft besessen hatten.)

3. Das differenzierte Urteil der beiden Autoren wird durchgehalten, wenn es um die Erörterung des „nachher“ geht, um die Probleme nach der Libération. Vorher soll noch eine wichtige allgemeine Äußerung de Jouvenels vermerkt werden, nämlich über die Forderung nach der bedingungslosen Kapitulation Deutschlands. De Jouvenel erinnert sich daran, daß er konsterniert war — warum hatte *Roosevelt* nicht gesagt, daß die Alliierten bereit seien, mit dem deutschen Volk zu verhandeln, sobald es Hitler abgeschüttelt habe? Dies *nicht* zu sagen, so de Jouvenel, hieß doch wohl, den Krieg zu verlängern. Und er glaubt, daß man hätte „des millions de victimes des camps de concentration“ retten können, hätte man gegenüber den Deutschen eine andere Sprache gewählt (und wohl, so darf man hinzufügen, weitere Millionen Menschenleben von Soldaten und Zivilisten vieler Nationen)[101].

Als de Jouvenel Schwierigkeiten mit der Gestapo zu befürchten hatte, flüchtete er am 21. 9. 1943 in die Schweiz. Wichtig ist die Tagebucheintragung vom 15. 8. 1944. Den Aufruf der Regierung in Algier zum allgemeinen Aufstand hält er für überflüssig angesichts der völligen deutschen Niederlage. Dieser Aufruf sollte die Legende nähren, Frankreich habe sich selbst befreit. Doch habe Frankreich solchen Mythos vielleicht nötig gehabt. Man schmeichle dem Volk mit einem Selbstbildnis, das keineswegs der Wirklichkeit entspreche. Der reine Patriotismus und der reine Heroismus seien die Sache einer kleinen Anzahl gewesen[102]. Was nun prominente intellektuelle Kollaborateure angeht, so sagt de Jouvenel, daß man sich nicht von jenen entsolidarisiere, mit denen man sich intellektuell geformt habe[103]. Es sei das

[99] Voyageur, S. 436.

[100] *Alfred Fabre-Luce*, J'ai vécu plusieurs siècles, S. 153.
Man muß Fabre-Luce wohl so verstehen, daß er sagen will: Hätte es keine „Kollaboration“, also nur Besatzungsmacht gegeben, so wären auch alle französischen Juden ermordet worden. Auf die innerfranzösische Diskussion eines besonderen Antisemitismus unter Vichy wollen wir damit nicht eingehen. Diese Diskussion ist noch belebt worden durch das Buch von *Maurice Rajsfus*, Des Juifs dans la Collaboration. L'UGIF, 1941 - 1944, Paris 1980.

[101] Ebd., S. 449.

[102] Ebd., S. 465.

Schicksal einer Generation gewesen, vielleicht mit zuviel *tolérance* und *gentillesse;* die Jugendfreunde, die mit de Gaulle nach London gingen, seien nicht anders gewesen. De Jouvenel notierte damals, daß wohl Gott allein ihn davon abgehalten habe, den Weg der Kollaboration zu gehen. „Je ne trouve en moi ni vertu ni pureté qui me fasse meilleur qu'eux[104]."

Berls Urteil über *Drieu la Rochelle* zeigt, daß er nicht rachsüchtig bzw. rechthaberisch war: Er habe Frankreich retten wollen. „A n'import quel prix[105]." Berl sagt das, wiewohl er die letzten Ideen von Drieu für geradezu irre hielt. Und von *Céline* meint Berl, er glaube, daß von allen Schriftstellern seiner Generation Céline die größte Chance habe, als bleibend zu gelten — dies über einen, der sich für besonders antisemitisch hielt. Allerdings habe er ihn nach dem Krieg nicht mehr treffen wollen; denn es gebe Dinge, die man nicht machen dürfe[106]. Trotz der Ablehnung von Drieus Ideen habe er nach der Libération versucht, ihn zu erreichen, ohne Erfolg. „Son suicide restera pour moi un grand remords." Wenn er, Berl, nachdenke, werde ihm deutlich, daß Drieu gegenüber anderen viel generöser gewesen sei als die anderen ihm gegenüber, und daß man nach der Libération im Grunde nichts getan habe, „pour le retenir"[107].

IV.

Man darf die Erinnerungen von Emmanuel Berl und von Bertrand de Jouvenel nicht als „objektive Geschichtsschreibung" werten, zumal die Autoren sie als solche auch nicht betrachten. Die Geschichtsforschung wird viele Einzelheiten als sehr subjektiv dartun, Irrtümer aufdecken und unerklärliche Widersprüche. In beiden Fällen jedenfalls ist das ein Zeichen für die Aufrichtigkeit des Zeugnisses. Vorsichtige Autoren, vor allem aber diejenigen, die sich selbst rückwirkend verfälschen wollen, um heute richtig liegen zu können, würden solche Mängel der Darstellung sicherlich zu vermeiden wissen.

Was an diesen Erinnerungen so stark beeindruckt, ist die Tatsache, daß beide Autoren die Komplexität der von ihnen erlebten und beschriebenen Zeit nicht verdecken[108], also auch nicht die Unstimmigkei-

---

[103] Ebd., S. 466; dort auch die Wendung, daß seine gesamte Generation „est atteinte par le déshonneur".

[104] Ebd., S. 467.

[105] Interrogatoire, S. 97.

[106] Ebd., S. 127.

[107] Ebd., S. 130.

[108] Männer dieses Geistes haben bald nach 1945 maßgeblich dazu beigetragen, daß die Kluft zwischen Franzosen und Deutschen weitgehend zugeschüttet werden konnte, während heute ein Provinzialismus, der sich für

ten, die Brüche, die Fragwürdigkeiten, die Ratlosigkeiten und die Fehler. Demgegenüber hat die gigantische Rechthaberei und Besserwisserei mancher heutiger Historiker, Politologen etc. in beiden Ländern etwas zutiefst Abstoßendes, weil Unehrliches und gegenüber den in jenen Problemlagen Lebenden Brutal-Rücksichtsloses. De Jouvenel aber schreibt, er habe die Erinnerungen verfaßt für die kommende Generation, damit sie sich gegen das Unglaubliche vorsehe. Man sollte ihm und Berl dafür auch in Deutschland danken[109].

Patriotismus hält, die Kluft wieder vergrößert, auf beiden Seiten. Sich zu verhalten wie Berl und de Jouvenel, war damals keine Selbstverständlichkeit, doch wirkte es um so stärker.

[109] Kürzlich sind die Erinnerungen des deutschen Zensuroffiziers in Paris erschienen: *Gerhard Heller*, Un Allemand à Paris 1940 - 1944, Paris 1981, Seuil. Der Verlag Heller u. Wegner in Baden-Baden brachte 1947 die Zeitschrift MERKUR heraus, deren damalige Bedeutung kaum überschätzt werden kann. Der Mitherausgeber dieser Zeitschrift, *Hans Paeschke*, war bei der Abwehr in Lyon tätig gewesen.

Epilog: Zur Fortdauer des Bonapartismus

In den nun bald 200 Jahren der neueren Verfassungsgeschichte Frankreichs bestand insgesamt fast 40 Jahre lang keine Volksvertretung, und seit 1958, genauer: seit der Einführung der direkten Wahl des Präsidenten der Republik durch das Volk im Jahre 1962, kennt Frankreich ein Verfassungssystem, das starke Elemente des sog. Präsidialsystems aufweist. Diese Tatsachen können natürlich nicht dazu dienen, die These aufzustellen, daß die Franzosen eine Neigung zu „undemokratischer" Regierungsweise hätten — solche Charakterisierungen sind von der Wissenschaft des Öffentlichen Rechts nicht gedeckt. Es kann auch nicht um die Stützung der These gehen, die Franzosen zeigten von Zeit zu Zeit eine starke Neigung zur Monarchie; denn gerade darum geht es nicht, wenn vom „Bonapartismus" die Rede ist. Ferner soll der Ausdruck „Bonapartismus" hier nicht dazu herhalten, spätere „Faschismusphänomene" zu erklären, wie immer man zu einem solchen Erklärungsversuch stehen mag.

In unserem Zusammenhang kommt es auf etwas anderes an: Auf ein bestimmtes, spezifisch französisches Phänomen im Verfassungsrecht[1]. Es ist das, was ein aufmerksamer deutscher Beobachter Frankreichs im Jahre 1852, zur gleichen Zeit wie *Karl Marx*, nach dem coup d'Etat Louis Napoleons vom 2. Dezember 1851 den „Napoleonismus" im französischen Verfassungsleben nannte. So viel Erhellung der politischen Szene Frankreichs Marx mit seiner Schrift „Der Achtzehnte Brumaire des Louis Bonaparte" auch gebracht hat, so kommt man nicht umhin festzustellen, daß wir *Konstantin Frantz* in seinem „Louis Napoleon" schärfere Einsichten verdanken[2].

---

[1] Dazu vor allem *K. Hammer / P. C. Hartmann* (Hrsg.), Der Bonapartismus — Historisches Phänomen und politischer Mythos, München 1977. Wir verstehen hier unter „Bonapartismus" das, was dort die französischen Historiker „Bonapartisme" nennen, um das konkrete geschichtliche Phänomen vom „Allerweltsausdruck" des „Bonapartismus" abzuheben. Allerdings geht es hier auch um einen Verfassungstypus, wie ihn offenbar auch *René Rémond* in seinem Beitrag „Bonapartisme et Gaullisme" (a.a.O., 119 ff.) versteht.

[2] Die Schrift erschien erstmals 1852 anonym („Von dem Verfasser Unserer Politik") in Berlin. 1933 wurde sie unter Frantzens Namen mit dem Titel „Masse oder Volk" in Potsdam herausgegeben, mit einem hochinteressanten auf die deutsche Lage bezogenen, unverkennbar gegen den Nationalsozialismus gerichteten Vorwort. Von dieser Ausgabe, leider ohne das Vorwort, ein fotomechanischer Nachdruck Darmstadt 1960, nach welchem hier zitiert wird.

Konstantin Frantz meinte, es fehle Frankreich an den Voraussetzungen einer Herrschaft der Volksvertretung. Es sei der eigentümliche Charakter Frankreichs, daß es keinen Fond gemeinsamer politischer Anschauungen besitze, nachdem mit der Revolution (von 1789) alles traditionelle Recht verschwunden sei und das Bewußtsein nur im Leeren herumirre, so daß ihm alles möglich erscheine, und eben deshalb, weil *alles* möglich erscheint, *nichts* wirklich wird[3].

Gleichwohl, so schrieb Frantz, bedürfe es einer öffentlichen Gewalt und einer öffentlichen Ordnung. Daher stelle das Volk einen Mann an seine Spitze, der den Kollektivwillen zusammenfasse und eine Verfassung gebe, welche vom Volke ratifiziert werde. Dieser Mann regiere nicht kraft der Legitimität (d. h. der monarchischen) oder kraft sonst einer moralischen Idee, sondern im Namen einer physischen Notwendigkeit. Frantz sah in einem solchen Staatswesen als wesentliche Form die *Diktatur*[4]. Diese sei die wesentliche Verfassungsform der französischen Republik, die nichtsdestoweniger doch eine Republik sei, „denn die Diktatur findet sich bekanntlich nicht in Monarchien, sondern gehört der republikanischen Entwicklung an". Während die Diktatur in anderen Republiken exzeptionell sei, werde sie hier prinzipiell, weil die französische Republik ein ganz exzeptionelles Staatswesen bilde, „wie noch nie dagewesen".

In Frankreich müsse die Staatsgewalt die Majorität des Volkes für sich haben, nicht die Majorität eines Parlaments[5]. Während im parlamentarischen System gewählt werde, damit das Volk sich repräsentieren lasse, wähle es im „Napoleonismus", um sich regieren zu lassen, und während dort die Exekutivgewalt dem Parlament untergeordnet und dienend sei, sei sie hier übergeordnet und herrschend: Der Napoleonismus als Umkehrung des Parlamentarismus[6]. Das sei, so fährt Frantz fort, die einzig mögliche Form, durch welche sich in Frankreich politische Freiheit entwickeln könne. Die folgende Überlegung soll wörtlich gebracht werden: „Dieses Gegenstück der englischen Verfassung ist der Napoleonismus ... Es entsteht dann ein Staatswesen dar-

---

Daß Frantzens Bedeutung auch heute weithin verkannt wird, beruht auf dem Umstand, daß er zu den großen Verlierern der (preußischen) kleindeutschen Lösung der deutschen Frage im Jahre 1871 gehört. Geradezu notwendigerweise hat sich Frantz später in irrealen Spekulationen über „Föderalismus" verloren, wobei auch seine wertvollen Einsichten in das *Polen*-Problem in Vergessenheit gerieten. Die Versuche alsbald nach 1945, Frantz als anti-nationalen Autor mit Beschlag zu belegen, haben das Ansehen dieses Einzelgängers schwer beschädigt. Eine „intellektuelle Biographie" dieses Mannes wäre sehr zu begrüßen.

[3] a.a.O., S. 57.

[4] a.a.O., S. 58 f.

[5] a.a.O., S. 59.

[6] a.a.O., S. 62.

aus, welches die Gestalt der Einherrschaft hat und insofern monarchisch erscheint, weil aber diese Einherrschaft nicht auf eigenem Recht ruht, sondern von dem Volkswillen ausgeht, doch eine Republik zu nennen ist, — eine Republik mit demokratischen Gesellschaftsformen und mit napoleonischen Regierungsformen[7]."

Der Hinweis auf die Bemerkungen von Frantz verfolgt nicht den Zweck, damit einen Schlüssel zur Erklärung auch späterer Erscheinungsformen des Bonapartismus geben zu wollen. Frantz ging es auch im Hinblick auf die damals bereits bekannten Erscheinungsformen (Napoleon I. und Napoleon III.) um die Beschreibung eines bestimmten Verfassungs*typus*. Auch machte Frantz diesen Typus nicht an bestimmten Personen fest. (Was verständlich machen könnte, weshalb sich die Formen des Auftretens der Präsidenten *de Gaulle, Pompidou, Giscard d'Estaing* und *Mitterand* kaum unterscheiden.) Frantz hat wichtige *Voraussetzungen* dieses spezifisch französischen Typus ebenfalls beschrieben, vor allem den Zentralismus. Eine seiner Folgen war es, daß die ganze Kulturentwicklung Frankreichs einen wesentlich städtischen Charakter annahm, so daß das platte Land „fast als eine Wüste erscheinen" mußte[8].

In solcher Sicht der Verfassungsentwicklung Frankreichs seit 1789 liegen als die Frankreich gemäßen Verfassungsformen Parlamentarismus und Bonapartismus im Widerstreit, d. h. sie wechseln einander ab: Das Parlament der Revolution wird abgelöst, dann kommt Napoleon Bonaparte, es folgt die legitimistische Restauration, dann die Revolution von 1848, 1851 vollzieht Louis Nepoleon den coup d'Etat, nach der Niederlage 1870 entsteht wieder eine Republik, nach deren Niederlage kommt Pétain, anschließend die IV. Republik, um 1958 der V. Republik zu weichen[9]. Frantz versucht, das so zu erklären: „Denkt aber der Franzose an die Assemblee, so verbindet sich damit die Vorstellung der Misère und der Erniedrigung Frankreichs, und sucht er Nationalgröße, so tritt ihm das Bild Napoleons vor Augen[10]." In dieser Sicht erscheint es als geradezu zwangsläufig, daß de Gaulle im Jahre 1962, vor nunmehr 20 Jahren, durch Plebiszit die Einführung der direkten Wahl des Präsidenten durch das Volk erreichte: Die Stärkung der Stellung des Präsidenten von 1958 blieb letztlich so lange ohne die erhoffte Wirkung,

---

[7] a.a.O., S. 64.

[8] Ebd., S. 31. Das erinnert an einen vor drei Jahrzehnten berühmt gewordenen Buchtitel: *J. F. Gravier*, Paris et le désert français, Paris 1951.

[9] Einer der großen Verfassungsjuristen hat das Problem der IV. Republik bereits 1954 beschrieben: *R. Capitant*, Le conflit de la souveraineté parlementaire et de la souveraineté populaire en France depuis la Libération, Rev. int. hist. pol et constit., N. S. 4 (1954), S. 153 ff.

[10] a.a.O., S. 30.

als der Präsident sich nicht auf seine Wahl durch das Volk berufen konnte. Die Tatsache, daß *dieser* Weg der Verfassungsänderung, nach anfänglichen Protesten von Staatsrechtslehrern[11], alsbald akzeptiert wurde, bedeutete die Hinnahme dieser Zwangsläufigkeit. Die Verfassung der V. Republik von 1958 wollte dem Präsidenten die Rolle der „arbitrage" zwischen den Staatsgewalten zuweisen. Doch zeigte es sich bald, daß diesem „Schiedsrichter" zu wenig eigene Legitimation zugewiesen worden war, um sich durchsetzen zu können. Bezeichnenderweise nahm sich de Gaulle diese Legitimation durch das Plebiszit und gerade nicht durch den üblichen Weg der Verfassungsänderung: Der Präsident kraft Volkswahl läßt sich diese „neue Verfassung" durch das Volk bestätigen, mithin so, wie es Konstantin Frantz als Eigenart des Bonapartismus beschrieben hatte.

Es wäre sicherlich übereilt, daraus den Schluß zu ziehen, der Bonapartismus sei das hauptsächliche Merkmal der Verfassung der V. Republik. Die Erörterung darüber, wie man diese Verfassung in eine allgemeine Typologie von Verfassungen einzuordnen habe, wird vermutlich nie ein überzeugendes Ende finden, und schon deshalb soll dieser Frage hier nicht nachgegangen werden. Doch läßt sich so viel sagen, daß sie zumindest den Versuch darstellt, den überkommenen Bonapartismus mit dem Parlamentarismus zu kombinieren, wobei sich das Gewicht zugunsten des bonapartistischen Elements geneigt haben dürfte. Pétain hingegen sollte gemäß der Ermächtigung vom 10. Juli 1940 eine neue Verfassung erarbeiten, die von den zu schaffenden „Assemblées" zu ratifizieren war. Von einer Annahme dieser neuen Verfassung (oder der einzelnen Verfassungsakte) durch das Volk war also nicht die Rede. Dennoch hat Pétain, wie oben dargelegt, die verschiedenen Verfassungsakte ohne jede Annahme in Kraft gesetzt. Das war, je nachdem, wie man es sehen will, entweder eine schwächere oder eine noch stärkere Form des „klassischen" Bonapartismus. Diese leichte Abweichung vermag es zu rechtfertigen, auch im Pétain-Regime eine Form des Bonapartismus zu sehen. In dieser Sicht wäre die Auseinandersetzung zwischen de Gaulle und Pétain der Kampf zweier rivalisierender Vorstellungen vom Bonapartismus als derjenigen Verfassungsform gewesen, die Frankreich nach dem Zusammenbruch eines parlamentarischen Regimes angemessen war. Damit ließe sich auch erklären, weshalb es frühere Kritiker des Parlamentarismus nach dem

[11] Dazu etwa *Jean Gicquel,* Essai sur la pratique de la Ve République — bilan d'un septennat, Paris 1968, S. 233 ff., sowie *Maurice-Christian Bergeres* et *Didier Linotte,* La Doctrine Française et les Institutions de la Ve République, Jb. öff. R., N. F. 24 (1975), S. 312 ff.

Ein früher Versuch, de Gaulle unter den Perspektiven von Frantz zu würdigen, in: De Gaulle in der Republik? Die Kluft zwischen Staat und Gesellschaft, Wort und Wahrheit 14 (1959), S. 369 ff.

Zusammenbruch in *beiden* Lagern gab. Die Spaltung in diese beiden Lager war auf einen Umstand zurückzuführen, für den man die Verantwortung dem gouvernement d'assemblée der III. Republik gab, nämlich der militärischen Katastrophe im Juni 1940. Für beide Lager mußte die IV. Republik, die Wiedereinführung eines gouvernement d'assemblée, als die Schöpfung von Leuten erscheinen, die alles vergessen und nichts dazugelernt hatten.

Orte der ersten Veröffentlichungen der Aufsätze

1. Im Dienste Deutschlands und des Rechtes. Festschrift für Wilhelm G. Grewe, Baden-Baden 1981, S. 337 - 364.
2. Die Verwaltung — Zeitschrift für Verwaltungswissenschaft 15 (1982), S. 341 - 356.
3. Gedächtnisschrift für Leonid Constantinesco, Köln 1983.
4. Der Staat — Zeitschrift für Staatslehre, Öffentliches Recht und Verfassungsgeschichte 20 (1981), S. 249 - 269.

Diese Aufsätze sind nur geringfügig überarbeitet worden.

Der „Epilog" wird hier zum ersten Male veröffentlicht.

FSC
www.fsc.org
MIX
Papier | Fördert
gute Waldnutzung
FSC® C083411

Kolibri 360 GmbH
Ferdinand-Jühlke-Straße 7
99095 Erfurt, Deutschland
produktsicherheit@kolibri360.de

Druck:
CPI Druckdienstleistungen GmbH
im Auftrag der
Kolibri 360 GmbH
Ferdinand-Jühlke-Str. 7
99095 Erfurt